前言

PREFACE

自改革开放以来，随着国家对教育投入力度的不断加大，我国的教育机会不均等状况已经有了极大改善。据教育部公布的数据，2020年，我国小学学龄儿童净入学率达到99.96%，小学升学率是99.5%。初中升入高中阶段毛入学率95.7%，达到了发达国家的平均水平。高等教育毛入学率54.4%，实现了高等教育的普及化。但是从个体来看，我国的教育机会不均等问题依旧严重，尤其在高等教育领域仍然存在“有效维持不均等”现象。在经济本位和效率优先等观念的支配下，城市优先、重点配置的教育政策导向不断深化，大量优质教育资源集中到城市。普通教育阶段，城乡差别、地区差别以及区域差别仍然很大，教育资源分配不均，众多偏远地区和农村地区的学生无法获得与城市学生同等的优质教育。近年来，虽然国家持续加大对乡村教育的倾斜性投入，使乡村教育的硬件和软件设施都得到了较大程度的改善，但是长期积累起来的城乡教育差距很难在短时间内消除。教育机会的不均等，不仅影响个人的阶层流动、经济收入以及社会地位的提高，更会影响我国共同富裕目标的实现。因为教育机会均等是共同富裕的题中之意，同时，教育机会均等也能促进共同富裕早日实现。

自从美国国会发表了《科尔曼报告》以来，教育机会均等问题一直是世界各国致力解决的重要问题，也是社会各界的关注重点。学界已经从政治、经济、文化等众多角度对之进行了深入研究，相关的文献浩如烟海，但还是没有令人信服的措施与路径能有效解决教育机会不均等问题。因而，我们需要寻求新的理论、方式、方法来研究教育机会均等问题。党的十九大报告指出，教育要改革创新，使教育发展成果更多更公平惠及全体人民，以教育公平促进社会公平正义。教育创新分为理论创新和实践创新，理论创新需要紧密结合实践，在实践的基础上提升理论品质。

近年来，“绿水青山就是金山银山”（简称“两山理论”）的生态理念渐渐深入人心，已被中国社会广泛接受，并取得了良好的经济效益和社会效益。“两山理论”是将马克思主义生态文明思想应用到中国实际问题之中，催生出的具有时代性、革命性的理论，是以强烈的问题导向对中国生态面临的现实问题作出的时代回应，其在理论与实践的双重维度均作

生态学视域下
教育机会均等与共同富裕研究

SHENGTAIXUE SHIYU XIA
JIAOYU JIHUI JUNDENG YU
GONGTONG FUYU YANJIU

乔浩风 / 著

中国农业出版社
北 京

图书在版编目（CIP）数据

生态学视域下教育机会均等与共同富裕研究 / 乔浩风著. —北京：中国农业出版社，2022.6

ISBN 978-7-109-29493-6

Ⅰ. ①生… Ⅱ. ①乔… Ⅲ. ①教育研究—中国②共同富裕—研究—中国 Ⅳ. ①G52②F124.7

中国版本图书馆 CIP 数据核字（2022）第 095033 号

中国农业出版社出版

地址：北京市朝阳区麦子店街 18 号楼

邮编：100125

责任编辑：刁乾超　　文字编辑：赵冬博

版式设计：李　文　　责任校对：吴丽婷

印刷：中农印务有限公司

版次：2022 年 6 月第 1 版

印次：2022 年 6 月北京第 1 次印刷

发行：新华书店北京发行所

开本：850mm×1168mm　1/32

印张：4.5

字数：200 千字

定价：48.00 元

出了卓越的贡献，具有极其重大的时代价值（田重，2021）。自然生态系统与教育生态系统有着相同的产生机理，相似的运行机制，相近的演化规律。这给了我们一个有益的启示：从生态学的视角探究教育机会均等的理论、方法和实践，具有可行性。教育生态学是生态学的思维、观念与方法在教育领域的应用，其核心要旨是以整体的、联系的、动态的生态式思维审视教育与周围环境之间的相互关系。用生态学的视角研究教育机会均等问题，就是从生态学的角度分析影响教育机会均等的各种因素，应用生态学的一些原理与规律从不同的侧面剖析教育机会均等问题，并应用生态学的原理与规律调节教育机会不均等，以促进教育机会均等。生态学视域下的教育机会均等与共同富裕，是相互作用、相互促进、共生共存、嵌套而成的复合生态系统，机会均等与共同富裕是一个联动的整体，不断推动机会均等与共同富裕向前发展。基于此，生态学视域下的教育机会均等与共同富裕社会建设要从教育的主体与客体、建设过程、建设机制出发，统合推进，面对共同富裕与机会均等提出的新要求和新挑战，寻求并提出解决问题的新思路、新举措，激发教育的内生机制，全方位促进教育机会均等与共同富裕建设。

本书内容共分为五章。第一章是绪论部分，主要阐述了问题提出的缘由、研究的方法及意义、研究的思路及其框架。

第二章主要论述用生态的眼光去看待教育机会均等问题是一种新的思考路径，对教育生态学的产生及其国内外发展作简要回顾，对教育生态学的研究现状作概要性叙述，并剖析教育机会均等的含义，简要概括教育机会不均等导致的后果。第三章主要从生态失衡的视角分析教育机会不均等的现状及原因。通过梳理文献及分析相关数据发现，从纵向上看，我国现阶段教育机会不均等已经有了很大的改善；从横向上比较，还存在诸多不均等的地方，主要表现为不同地区学生入学机会不均等，不同省份、地区以及不同区域对教育的投入失衡，学校的空间布局不合理，不同社会阶层的教育机会存在明显差距，教育腐败践踏教育机会均等。造成这些情况的原因主要有学生家庭经济、文化和社会地位的差异，学校教育对教育机会不均等的延续等。第四章的主要内容是从生态治理的角度分析如何促进我国的教育机会均等。目前影响我国教育机会均等的限制因子主要有：教育成本的增长、教育资源的浪费以及教育行政管理人员对教育经费的使用不当等造成教育资源的短缺；教育资源地区和区域间分配不均等。为了解决教育生态系统中边缘和荒疏交汇处学生的学业水平低下、综合素质不高、升学率低等问题，国家和各级政府应加大对“边缘地区”义务教育的投入，扩大农村高中教育规模，完善收费、助学金、贷学金制度。借鉴生物多样性原理，通过调整高等教育招生比例、优化高等教育的形式结构、完善高等教育收费方式等，可以多元化促进高等教育机会均等。第五章主要从生态平衡的角度论述教育机会均等与共同富裕之间的关系。通过研究发现，教育机会均等与共同富裕之间是一种密切的协同共生关系：教育机会不均等意味着教育生态的失衡，通过教育生态治理使之逐渐达到平衡之时，也是教育机会均等之时。共同富裕能提供教育机会均等的物质基础和文化基础，教育机会均等能促进共同富裕的早日实现，因为教育机会均等能够阻断低收入群体的代际传播，扩大中等收入群体的规模，以及为建设共同富裕社会提供人才和科技支撑。所以教育机会均等与共同富裕之间是互为因果、相辅相成的。同时，共同富裕与教育机会均等的终极目标都是人的自由全面发展。

“重视教育就是重视未来、重视教育才能赢得未来”，教育是提高人的知识、技能和能力的主要手段，是促进人全面发展的重要途径，是建设共同富裕社会的重要基石。在社会主义建设的新时期，如何推进教育公平，建成“伴随每个人一生的教育、平等面向每个人的教育、适合每个人的教育”，需要用系统观念、系统方法扎根实践，用理论联系实际，深度谋划构建公正公平的教育体系，才能让教育机会均等与共同富裕行健致远。本书并不试图构建一个完整的教育理论体系，只是从生态学的视角出发，运用教育生态学中的部分原理和规律，对教育机会均等和共同富裕做一些浅显的探索，希望这种尝试可以为研究和促进教育机会均等提供一种不同的思路。

乔浩风

2021 年 11 月

目录
CONTENTS

第一章　绪　　论

第一节　问题的提出

1966 年美国的著名社会学家詹姆斯·S. 科尔曼发表《教育机会均等》（*Equality of Educational Opportunity*）以来，教育机会均等问题一直是教育学界、社会学界、经济学界等研究的热点问题，相关研究成果不断涌现，人们运用不同的研究方法，从不同层面、不同维度揭示了教育机会不均等的不同问题（杨文杰等，2019），对影响教育机会均等的因素进行探讨，对教育机会均等的内涵和机理的认识不断深化。教育机会均等是公平与正义理念在教育领域的直接反映。作为实现社会公平和社会公正的手段之一，教育机会均等长期以来都是众多国家制定教育政策的基本出发点和归宿点。为所有愿意接受教育的人提供平等的教育机会，无论其社会地位、经济状况、家庭背景、性别或种族是否相同，这都是人类社会最朴素的追求。在西方思想史上，亚里士多德曾经提出通过法律保证公民自由民主的教育权利。夸美纽斯也认为“所有城镇乡村的男孩和女孩，不论富贵贫贱，都应该去学校”。人要成为理性的人，而不是成为没有理智的野兽，就必须接受教育，人接受的教育越多，就越能胜过别人。他强调教育要普及到每一个人，将初等教育普及到手工业者、庄稼汉、脚夫和妇女（夸美纽斯，1999）。19 世纪末以来，在众多国家制定的教育政策中，教育机会均等成为坚不可摧的原则和不懈追求的目标之一，也是现代教育研究的核心问题。对不同社会阶层之间教育机会不均等原因的探讨，以及努力寻求促进教育机会均等的对策贯穿第二次世界大战后整个世界教育史。20 世纪中叶，世界各国更是高举“教育民主化”的大旗，以推动本国的教育、社会、经济、政治等方面的发展，希望通过教育填补社会各阶层之间的差距鸿沟。以英国为例，该国自 1944 年教育法案施行之后，明确提出了要实现教育机会均等，但一直到 20 世纪 60 年代，教育机会不均等情况仍然较为严重，不同社会阶层、地区之间的差别所造成的学生学业成就差异巨大，尤其是贫困家庭子女的学业成就普遍较低，处境优越和处境不利地区学校之间的差距在不断扩大。为了缩小差距，解决教育机会不均等问题，英国政府提出了一个所谓的“教育补偿计划”，即“教育优先区”的设想。该计划希望通过国家的干预，使那些因经济而陷于贫困的儿童摆脱困境，对于那些处于教育优先区的贫困儿童和处境不利儿童给予额外的教育资源（杨军，2005）。

教育机会均等历来是我国社会各界关注的焦点，也是政府部门制定教育政策的重点之一。1912 年，当时的国民政府第一任教育总长蔡元培在《对于新教育之意见》一文中提出自由、平等、博爱的教育宗旨，认为教育应该追求个体与群体的协调发展，强调了教育机会均等的重要性（高平叔，1984）。新中国成立以来，党和政府一向重视民众教育机会权利的平等。1949 年由中国人民政治协商会议制定的《中国人民政治协商会议共同纲领》中规定：“要有计划、有步骤地实行普及教育。”1982 年修订的《中华人民共和国宪法》中，将“公民不分种族、民族、性别、职业、家庭背景、宗教信仰等都享有接受教育的权利与义务”列为宪法条文。1995 年，《中华人民共和国教育法》颁行，其中规定：“公民不分民族、种族、性别、职业、财产状况、宗教信仰等，享有平等的受教育权利。”1998 年，我国颁布了《中华人民共和国高等教育法》，其中第九条规定“公民依法享有接受教育的权利。国家采取措施，帮助少数民族学生和经济困难的学生接受高等教育”。2010年，中共中央、国务院印发的《国家中长期教育改革和发展规划纲要（2010—2020年）》强调，要在巩固义务教育普及成果的基础上，实现义务教育质量上的提高，通过缩小校际、城乡、区域之间的基础教育资源配置差距的方式来不断健全义务教育均衡发展保障机制（国家中长期教育改革和发展规划纲要工作小组，2010）。党的十九大报告中也明确指出“努力让每个孩子都能享有公平而有质量的教育”。

在2018年9月召开的全国教育大会上，习近平总书记提出“教育是国之大计、党之大计”的重要论断。在讲话中习近平总书记强调：“教育公平是社会公平的重要基础，要以教育公平促进社会公平正义，努力让每个人享有受教育的机会，获得发展自身、奉献社会、造福人民的能力。”（陈宝生，2020）

新中国成立70多年来，在中国共产党的坚强领导下，我国彻底改变了教育基础设施差、教育规模小、教育人才短缺等整体落后的状况，建立了完整的现代教育体系，取得了举世瞩目的成就，教育总体发展水平跃居世界中上行列。新中国成立初期，我国共有4.5亿人口，80%以上是文盲，学龄儿童入学率只有20%。1949年全国高等教育的在校人数只有11.7万人。现在，我国九年义务教育已全面普及。2018年，小学学龄儿童净入学率达到99.95%，学前教育毛入园率达到81.7%，高中阶段毛入学率达到88.8%，高等教育毛入学率达到48.1%，各级教育普及程度均达到或超过中高收入国家平均水平。国家教育投入力度越来越大，从2012年起实现了国家财政性教育经费占GDP 4%的目标并保持连续增长。国际社会对中国教育的关注度越来越高（陈宝生，2019）。

目前，我国已经全面建成小康社会，正在建设共同富裕社会的道路上快步前行。教育是建设共同富裕社会的重要动力，而教育的健康可持续发展是共同富裕社会的重要内容。因而，在建设共同富裕社会的过程中，如何实现教育机会均等是一个重要的命题。我国是一个教育大国，教育规模世界最大，各级、各类教育入学率均创新高。但是，我国还不是教育强国，距离共同富裕社会中的教育状态还相差很远。当前我国的教育仍然存在一些短板，还有相当多的人口未能入学，还有近一半的适龄人口不能接受高等教育，教育机会不均等情况仍然比较严重，要想实现我们理想中的教育机会均等，仍然任重而道远。从其影响因素来看，由于自然环境、社会环境以及规范环境的综合作用而导致的教育机会不均等问题仍难消除。从改革成效来看，我国过去几十年在教育机会均等方面作出的努力未能达到预期的效果。

教育机会不均等不仅表现在入学机会的不均等，还表现在教育过程的不均等与教育结果的不均等。由于历史与现实的原因，教育资源的短缺与教育资源配置的不均，导致教育机会的区域不均等、群体之间机会的不均等、校际机会的不均等。这些不均等的现象表明，我国的教育生态还存在一定的问题。教育生态学是20世纪60—70年代出现的一门交叉学科，它运用生态学的原理和方法研究教育现象。自从20世纪80年代初期我国的学者开始对教育生态学进行研究之后，学界开始从教育生态学的视角对教育系统中的各种问题进行探讨与研究，并取得了丰硕的研究成果。但是应用生态学原理对教育机会均等以及共同富裕问题进行研究，目前还不多见。如同生态学要研究环境污染、资源短缺、人口激增等人类共同的问题一样，教育生态学研究的是学生流失、教育不平等、教育资源分布等问题（范国睿，1995）。从广义上说，教育系统是一个生态系统（马歆静，1996），用生态学的原理和方法来分析教育机会均等问题，可以开拓我们的研究视野与思路，为我们提供一种新的思考方法，寻找到促进教育机会均等的途径或方法。

第二节　研究的方法及意义

一、研究方法

教育机会均等和共同富裕问题不仅是教育学的问题，也是社会问题、经济问题、政治问题和文化问题，所以研究方法的选择不能拘泥于学科的界限，而是应该基于研究的需要。卡尔·波普尔曾经说，任何方法只要能够导致合理论证的结果，就是正当的方法（波普尔，1986）。本书主要采用了文献研究法、跨学科研究法、文本分析法和理论分析法。

1. 文献研究法

文献研究法就是搜集和分析研究各种现存的与研究内容相关的文献资料，从中选择有用的信息，以期了解、研究过去，以达到研究的目的。本书主要从教育生态学理论的发展与研究状况、我国教育机会均等的实际情况以及共同富裕的理论内涵等方面，系统地搜索和分析与本论题相关的文献资料。文献资料的主要搜集渠道有浙江省的各大图书馆、档案馆、博物馆及中国计量大学的图书馆、学术会议等，通过这些渠道获取有关教育机会均等、生态学、共同富裕及其他相关的资料，并对有关文献进行分析整理或重新归类。同时充分利用网络资源，在中国期刊网和万方数据库中查找必要的参考资料，并进行整理和选用。

2. 跨学科研究法

本书中涉及的学科知识有教育学、生态学、社会学等，但是主要运用的是生态学与教育学相关原理与方法，参考国内外的研究成果，结合中国实际情况，对教育机会均等问题和共同富裕进行分析，研究教育机会均等的历史与现状，力求把教育学的原理与生态学的原理、方法有机地结合起来，探索从生态学的角度分析如何促进教育机会均等与共同富裕社会的建设等。通过对生态学中的几个与教育机会均等有关概念的内涵与外延进行剖析，运用教育生态学中的一些概念和规律对教育生态系统进行调控，以促进等教育机会均进和共同富裕社会的建设等。运用生态学的范畴研究教育机会均等以及教育机会均等与共同富裕之间的关系，是本书的创新点，也是重点和难点所在。

3. 文本分析法

文本分析法是人文社科常用的研究方法，指从文本的表层深入到文本的深层，从而发现那些不能为普通阅读所把握的深层意义。本书采用文本分析法，就是对教育生态学、教育机会均等、共同富裕等相关文本进行仔细解读，对它们的概念、产生的背景、发展的过程与现状进行条分缕析，从而理解它们的内涵和要义，并将其运用到文章的构架与研究中去。在本书第五章主要采用了这种研究方法，对马克思与恩格斯、毛泽东、邓小平、江泽民、习近平等关于人的自由全面发展以及共同富裕等言论的文本进行阅读分析，从而考察共同富裕与人的自由全面发展的关系、共同富裕与教育机会均等的关系、教育机会均等与人的自由全面发展的关系等。

4. 理论分析法

理论分析法是在感性认识的基础上，通过理性思维认识事物的本质及其规律的一种科学分析方法。本书运用的理论主要有教育生态学理论、社会公平理论、社会发展理论、人的全面发展理论等。本书采用理论分析法，目的是在教育生态学理论的指导下，综合运用其他理论，借助归纳与演绎、比较与分类、分析与综合等形式逻辑方法，同时把理论分析与实践检验相结合，期望能够从生态学的视角，将教育机会均等与共同富裕之间的关系阐述清楚，为促进教育机会均等与共同富裕提供一点思路。

二、研究的意义

1. 理论意义

1966 年，美国国会发表了《科尔曼报告》一文后，教育机会均等成为教育公平概念体系的核心内容，并成为 20 世纪后半期教育研究进程中的重要事件。自此以后，教育机会均等一直为教育学家、社会学家、经济学家甚至政治学家关注的热点和研究的重点。无论是人力资本理论、文凭理论还是市场筛选理论都认为，只有接受了良好的教育才有可能使个人向社会的上层流动，在职业选择中取得较好的职位以及在经济收益上有较好的回报等方面起着关键性的作用。所以教育机会均等不仅是学界研究的热点问题，也是社会各界尤为关注的重点。

国内外的众多学者在教育机会均等方面已经做了大量的工作，他们从政治、经济文化、哲学等各个层面对教育机会均等做了深入的思考，并提出了积极的建议与对策，这为我们研究教育机会均等提供了很好的平台。但是，教育机会均等问题不是孤立的教育问题，它是教育系统的一个子系统，其本身就复杂难解，同时它还涉及家庭、社会以及政治系统等诸多方面，并与这些方面产生错综复杂的联系，在此消彼长的权衡与争让中，与自然界中的生态系统极其相似。如果从生态学的角度来看，它涉及自然环境、社会环境和规范环境等方面。所以，教育机会均等的复杂性如果从生态系统的角度去考量，用生态学的原理与方法去分析，探讨如何促进教育机会均等与共同富裕社会的建设，不失为一种很好的尝试。因为教育和社会政治、经济、科技、文化等一样，都是人类社会自我发展的子系统，各种教育以外的社会环境、自然环境都与教育的发展息息相关。按照生态学观点，任何一个生态因子总要与周围环境经常不断地处于能量与信息的相互交换之中，因此，教育与自然环境、社会环境以及规范环境也存在物质、能量、信息交换过程，教育与它们之间是一种相互依存、相互适应关系，各种因素的变化发展对教育系统产生影响，并制约着其内部结构的变化。同时，共同富裕与教育生态平衡之间也有着密切的联系，教育机会不均等，意味着教育生态的失衡，通过教育生态治理并逐渐达到平衡之时，也是教育机会均等之时；而教育机会均等是共同富裕的题中之意，共同富裕能为教育机会均等提供保障，教育机会均等能促进共同富裕，两者相辅相成。但是，就目前所能获得的资料来看，以生态学的视角来研究教育机会均等与共同富裕的文献还不多见。所以，本书拟从生态学的视角出发，运用教育生态学中的一些原理和规律，对教育机会均等和共同富裕做一些探索，为丰富教育研究方法和教育理论创新做一点尝试。

2. 实践意义

教育部公布的统计数据显示，2019 年，我国农村幼儿园教师学历合格率为 97.5%，比城市低 1.9 个百分点，其中专科及以上学历教师比例为 77.2%，比城市低 11.5 个百分点，差距仍然较大。义务教育普及水平继续保持高位，正在向优质均衡阶段迈进。全国小学阶段专科及以上学历教师比例为 97.3%，其中城市小学为 99.1%，农村小学为 96.3%，城乡差距为 2.8 个百分点，义务教育阶段教学仪器设备配置水平进一步提升，但是城乡差距依然较大；义务教育阶段建立校园网的学校比例继续提高，城乡差距依然较大。我国高中阶段毛入学率 89.5%，高等教育毛入学率达到 51.6%，迈入普及化发展阶段（中华人民共和国教育部，2020）。

从上面的数据可以看出，目前我国的教育事业取得了辉煌的成绩，教育机会不均等的状况得到了极大改善。但是，我们也应清楚地看到，我国教育机会不均等的情况依旧存在，城乡差别、地区差别依旧巨大。初中毕业后依然有很大一部分学生没能进入高中阶段学习，高等教育虽然进入普及化阶段，但是依旧还有接近一半的高中毕业生无缘进入高等教育机构的大门。由于优质的教育不能满足民众的需求，加之国家实施的教育成本回收政策，非义务教育阶段学生的求学成本的大幅上升，以及民众民主意识的加强，教育机会均等问题依然受到社会各界的广泛关注。

2021 年全国“两会”期间，“教育公正”的呼声与建言不时见诸各大媒体。全国政协委员、北京师范大学教育学部教授刘焱在提案中指出：“各级各地政府应当根据人民日益增长的对更为优质公平学前教育的需要，以教育公平为基本价值取向，改变财政投入的路径依赖，为广大人民群众提供更加公平优质的普惠性学前教育公共服务。”民进党中央在关于教育的提案中指出，我国县域普通高中在发展中出现了问题：一是县中教育资源不足，与城市相比，县中的办学条件、教师待遇均处于弱势地位，且缺乏财政性投入保障；二是县中优质教育资源流失，由于公共教育政策失衡，超级中学跨区域招生，县域优秀生源和教师绝大多数都流向城市高中（中国教育在线，2021）。民革中央在提案中也指出，互联网科技与教育领域相结合的新教育形式，是实现教育均衡化，让贫困地区享受优质教育资源的有效手段。所以建议助推“互联网＋教育”在扶贫中发挥作用（中国教育在线，2021）。对于全国两会的教育热点问题，新华网发表的评论文章说出了广大民众的心声，“守护教育公平，是人民群众的热切期盼。教育公平是社会公平的基石，教育公平越有保障，社会上升渠道就越通畅，人们对‘知识改变命运’的信仰就越坚定。促进教育公平，基础是解决好发展不平衡、不充分问题，关键是公平合理地配置教育资源尤其是优质资源。当公平正义的阳光普照，成长的舞台就会越来越宽广”（辛识平，2021）。

诚然，能够实现教育机会均等是人类社会一个美好的愿景。但是正如科尔曼所言，“在多种因素影响下，教育机会均等只可接近，而无法完全达到”（周守军，2003）。从理论上讲确实如此，但我们绝不能将此问题合法化，让既存的不均等状况继续存在下去，甚至不断扩大。因为教育机会均等不仅仅是教育问题，还是政治问题，关系到社会的稳定和发展。为全体人民提高受教育程度，才能夯实共同富裕的基础。所以我们必须正视目前存在的教育机会不均等问题，认真调查和研究，采取强有力的措施，为人民提供更加公平普惠的教育条件，最大限度地实现我国的教育机会均等。研究“教育机会均等”这一问题有难度和深度，但是，运用教育生态学的原理，从生态学的视角来分析影响教育机会均等的因素，对于促进我国的教育机会均等，并分析教育机会均等与共同富裕之间的关系，探讨教育机会均等如何能够促进共同富裕，共同富裕又是如何促进我国的教育事业健康地发展，对于社会和谐稳定的发展，可能有一定的积极意义。

第三节　研究的思路和框架

随着我国经济实力的提高和科技的发展与进步，各级政府部门逐步加大了对教育的投资力度，对教育系统中的软、硬件加以提升和改造，使我国的教育机会不均等状况有了很大的改观。但是，由于我国特定的国情和现实的客观原因等，教育机会均等离我们理想状态还有一定的差距。教育机会均等是社会公正和社会公平在教育领域中的延伸与反映，归根结底仍然属于社会生态问题。从生态学的角度切入，思考通过何种方式或途径能够最大化地促进教育机会均等，成了作者多年来一直在思考的问题。从20世纪末期由于环境的恶化引发人们对生态的关注，到“绿水青山就是金山银山”生态理念的形成，以及共同富裕中关于物质富裕与精神富裕及其与人的发展的关系，及至共同富裕政策的应声落地和浙江先行示范区的实践，无不加深了作者对此问题的思考。在杭州这块古老坚实而又焕发新机的土地上，在如此前所未有的社会、教育生态环境下，作者捕捉到深入研究的机遇，决心运用生态学的原理与方法分析教育机会均等的可行性，并坚信在生态理念的光照下，教育机会均等与共同富裕一定能够相互促进，共同实现。

本书需要解释的概念有生态系统、教育生态系统、教育机会均等、共同富裕，也是本项研究的关键词，所涉及内容较广，所以在此对本书的研究范围做个界定。本书重点想要厘清的是，教育生态系统作为大生态系统中的一个系统，它的生发机理有相通的地方，所以一些原理和方法是可以借用的。教育机会均等是教育生态系统中的一种具体的社会表象，也是可以运用生态学的原理和规律对之进行考察分析的。自然界生态系统有平衡与失衡两种状态，在生态失衡的情况下可以通过外在的干预使之达到平衡，这种生态治理的方法可以应用到教育机会不均等的治理上，因为教育机会不均等是教育生态失衡的表现之一。此外，因为教育机会均等是共同富裕的重要内容之一，我们还要厘清共同富裕与教育机会均等之间的关系：它们是互为因果、协同进步的关系，还是相互制约、互为条件的关系，抑或是其他的何种关系。

本书内容共分为五章。第一章是绪论部分，首先阐述了问题提出的缘由、研究的方法及意义和研究的思路及其框架。第二章是本书的理论基础，阐述了教育生态学产生的背景，生态学原理、规律在教育领域内的应用，教育生态学在国内外发展及研究状况。通过对教育机会均等的含义进行分析，对我国的教育机会均等的状况做简单的介绍。第三章到第五章是本书的中心部分，主要沿着教育生态失衡—教育生态治理—教育生态平衡这一思路出发，即运用生态学的原理和规律对教育机会均等进行分析，对促进教育机会均等提出一些建议与解决的对策。第三章主要讨论教育生态失衡而表现出来教育机会不均等的状况，并对教育机会不均等的原因进行简要的探讨。第四章主要论述教育生态治理，从生态学的角度思考促进教育机会均等的措施与路径。第四章共分五小节，第一节从宏观上论述影响教育机会均等的生态因子；第二节用生态学中的限制因子定律分析影响高等教育机会均等的限制因子，并提出运用限制因子定律对教育机会均等进行调控；第三节用边缘效应的概念对教育机会均等进行分析，以及如何利用边缘效应对教育机会均等进行调控；第四节运用生物多样性原理分析教育机会均等实现的多元化。第五章主要讨论在进行生态治理之后，教育生态达到了动态的平衡状态，此时，整个社会实现了教育机会均等；讨论了教育机会均等与共同富裕之间的联系，认为共同富裕与教育机会均等的终极目标是人的自由全面发展。

第二章　教育生态：
教育机会均等思考的新路径

我国的教育生态学研究自 20 世纪 80 年代就已经开始，但是一直没有受到应有的重视，由于教育生态学理论探索方面的研究人员较少，所以在教育生态学的学科体系构建、学科理论形成等方面至今没有重大突破。在实践层面，广大研究人员主要套用生态学的原理分析学校的课程教学、师资建设、学生资助、文化建设等现实问题，创新性不强。近年来，随着科学技术的发展和信息时代到来以及生产力的不断提高，环境、人口压力激增，生态问题引起了社会的广泛关注，生态研究成为热点，生态学成了一门显学。运用生态学的原理研究教育问题再次走进教育研究人员的视野。教育生态学通过研究教育生态系统内部各因素之间相互作用和影响的关系，探索教育发展规律，为优化教育生态系统和提高教育质量提供理论基础。我国目前是教育大国，但还不是教育强国，教育资源还不充分，教育资源的分配还存在不合理现象，导致教育机会不均等情况的发生。教育机会的不均等，不仅影响个人的阶层流动、经济收入和社会地位的提高，更会影响我国共同富裕目标的实现。因为教育机会均等是共同富裕的题中应有之意，同时，教育机会均等也能促进共同富裕的早日实现。改革开放后几十年经过不断对教育的投入和建设，我国的教育生态已经演变到新的阶段，而新的历史阶段对我国的教育生态建设也提出了不同的要求，但是要想实现新的目标却阻碍重重。近年来“绿水青山就是金山银山”的生态理念已渐渐深入人心，被中国社会广泛接受，并取得了良好的效益。自然生态系统与教育生态系统有着相同的产生机理，相似的运行机制，相近的演化规律。这给了我们一个有益的启示：用教育生态学的视角去探究教育机会均等的理论、方法和实践，具有可行性。为把我国建设成为教育强国和人力资源大国，从教育生态学视域下研究教育机会均等和共同富裕社会的建设，意义重大。

第一节　教育生态学的产生、发展及研究现状

一、教育生态学产生的背景

“教育生态学”这一名词是美国哥伦比亚师范学院院长劳伦斯·克雷明首先提出的，国际教育成就评价协会主席托斯顿·胡森给予其高度评价，认为这是对发展跨学科研究、开拓教育科学新领域一个重要贡献（吴鼎福等，2000）。虽然教育生态学是一门新学科，但是它的胚芽却早就根植于我国古代的教育之中。孔子在《论语·阳货》中说：“性相近，习相远也。”又说，“多识于草木鸟兽之名”。这说明当时他已经意识到环境因素对个体教育的作用和影响。荀子《劝学》中描写的“蓬生麻中，不扶而直，白沙在涅，与之俱墨”，以及孟母三迁的故事更说明当时人们已经注意到自然环境、社会环境与个人教育的关系。古希腊时期，亚里士多德等曾于公元前335年创设利敦学院，聚集生徒在绿荫树下讲学（吴鼎福等，2000）。在古代的中国和外国，虽然都已经意识到教育与生态环境之间有着密切的联系，但是由于社会政治、经济与文化发展相对缓慢，对教育与生态之间关系的认识大多停留在教育的个体生态（autecology）方面，很少涉及教育的群体生态（synecology）和教育生态系统（education ecosystem）方面，所以教育生态学产生于现代也就不足为奇了。

第二次世界大战之后，科学技术的进步和工业的发展，生产力得到了迅速提高，人们的生活水平也有了不同程度的改善。然而，由于人们认识不足导致对科技的滥用，对自然资源的无限制开发，环境污染日益严重，自然界的生态失去平衡。同时，环境的恶化而导致的粮食匮乏也产生了诸多社会问题。人类赖以生存的自然生态环境和社会生态环境面临严重的危机。现代科学技术的进步也促进了教育事业进一步的发展。基础教育阶段入学学生人数急剧增长，学生接受教育的年限进一步延长，受教育程度进一步提高。高等教育规模进一步扩大，入学人数增加，职业教育与普通教育并驾齐驱，教育的国际化趋势日益明显，在助力社会发展和科学进步方面起到了显著的作用。但是，在教育系统繁荣的背后却与社会环境和自然环境一样，面临着严重的危机：人口的增长导致学生人数的增加、资源的短缺与办学成本的提高、教育的软件与硬件地区与区域的差异、入学机会的不均等、教学质量的趋下、学生辍学的增加等等，这些问题与自然界的生态一样，渐渐失衡，威胁着教育的健康与可持续发展。从 20 世纪 60 年代开始，“教育危机”成为人们关注的重要话题。这场世界性的教育危机的实质是由于教育体制与各种环境之间产生了不平衡。这些不平衡主要表现在：过时的教学内容与信息化时代新知识的激增不平衡；学生所学知识与社会的实际需求之间不平衡；教育的发展速度与民众的需要之间不平衡；传统的专业结构与新时代对交叉融合专业的实际需求不平衡；社会各阶层之间的严重不平等；教育费用的增加与政府在教育上投入的资金不足，等等（范国睿，2000）。

人们需要一种新的研究视角来探讨教育系统中存在的问题。20 世纪初，生态学发展成为一门初具理论体系的学科，生态学的原理被普遍接受，其原理与方法被运用于解决社会问题，为社会科学的研究打开了一个新视角，并取得了令人满意的成绩。受此启发，将生态学的原理与方法运用到教育研究之中成为教育学界的选择。20 世纪六七十年代以来，教育的生态学研究由产生到发展，人们在这一领域里进行了许多有益的尝试和努力，取得了较为丰硕的成果。

二、教育生态学的发展及在我国的研究与应用

教育生态学是一门运用生态学的原理与方法研究教育现象的学科。也有的学者认为，教育生态学是用社会生态学的原理与方法研究教育的一门学科，研究的重心趋向于教育生态系统、教育的生态环境与教育效能之间相互作用的规律以及教育的个体生态与群体生态的关系等（刘尔明等，1993）。“生态学”一词正式在教育研究中使用始于美国教育学者沃勒。1932 年，沃勒在《教育社会学》中提出了“课堂生态学”的概念。生态学的原理与方法在 20 世纪 40 年代被运用于教育研究，源于它们在心理学特别是有关于人类行为研究中的应用。1944 年，心理学家勒温发表了题为《心理生态学》的论文，阐述了人的行为是随着人和环境两大因素的变化而变化的（范国睿，2000）。20 世纪六七十年代以来，以英、美等国为代表，开始了教育生态学的研究工作。1966 年，英国学者阿什比在他的著作《英国、印度和非洲的大学：高等教育生态学的研究》中，首次提出了“高等教育生态学”这个概念，开创了运用生态学的原理和方法研究高等教育之先河（范国睿，2000）。20 世纪 70 年代，教育生态学的研究主要有两个方向。一些学者从教育与环境关系入手开展研究，如费恩于 1971 年著述的《公立学校的生态学》，坦纳于 1974 年出版的《生态学、环境与教育》和沙利文于 1975 年发表的《未来：人类生态学与教育》（张婷婷，2013）。在此背景下，美国哥伦比亚大学师范学院前院长劳伦斯·克雷明于 1976 年在其所著《公共教育》一书中正式提出了“教育生态学”这一术语，并列专章进行探讨。1978 年 9 月，在庆祝斯德哥尔摩大学建校 100 周年的大会上，他做了题为《教育生态学中的变革：学校和其他教

育者》的演讲，进一步阐明了他对教育生态学的见解。他认为生态学的概念是有用的，因为它强调联系，教育生态学的方法就是“把各种教育机构与结构置于彼此的联系中，以及与维持并受他们影响的更广泛的社会之间的联系中来加以审视”（王玲等，2009）。另一些学者着重研究教育资源的分布情况以及由此产生的结果。如英国学者埃格尔斯顿就是主要的代表人物，他在专著《学校生态学》中指出，教育资源分布的不平衡，不仅表现在地区差异上，即使同一地区，教育资源的分布也不平衡（吴鼎福等，2000）。教育生态学的研究思路和研究方向，特别是克雷明的教育生态学思想，得到国际教育评价学会主席托尔斯顿·胡森的肯定，他认为，过去的教育研究“注意力集中在个别儿童及其经历和学校成绩上，而现在则已转向研究构成儿童成长的教育环境的一系列因素”（范国睿，2000）。

20 世纪八九十年代，教育生态学的研究范围开始拓宽，理论开始深化。一些学者把教育放在社会发展的大背景下进行考察，如 1987 年莱西和威廉斯合编的《教育、生态学与发展》就是典型的代表。华盛顿大学的古德莱德侧重微观的学校生态学研究，首次提出学校是一个“文化生态系统”（cultural ecosystems）的观念（宋改敏等，2009），目的在于从管理的角度入手，统筹各种生态因子，以建立一个健康的生态系统，提高学校的办学效率。鲍尔斯是这一时期研究成果较为丰富的教育生态学家之一，在短短的几年时间里，他连续出版 3 部专著（含合著）（王梅，2006），其内容既有对课堂教学、学科建设等微观的教育问题进行的研究，也包括对教育、文化、生态危机等宏观教育生态问题的探讨。此后，教育生态学的研究方法已引起其他教育研究者的密切关注，如英国比较教育学者埃德蒙·金在论及有教育意义的环境时也曾使用“生态学”这一术语（彭勃，2008）。

我国对于教育生态学的研究起步较晚，其中香港和台湾的研究早于内地。20 世纪 60 年代，台湾师范大学教育学系的方炳林率先在此领域展开研究，并著成《生态环境与教育》一书。此后，台湾的李聪明出版了《教育生态学导论》。此外还有台湾的贾锐对于校园生态环境方面的研究、香港的郑燕祥从生态学视角研究教师素质的专题研究等（范国睿，2000）。我国大陆学者对教育生态学的研究始于 20 世纪 80 年代末期 90 年代初期，南京师范大学环境科学研究所的吴鼎福是较早进行研究并取得一定成就的研究者。1990 年吴鼎福和诸文蔚合著的《教育生态学》是我国大陆第一部教育生态学专著。到目前为止，我国大陆出版的教育生态学专著共有 3 部（吴鼎福等，1990；任凯等，1993；范国睿，2000），研究的重心都是探讨和构建教育生态学。

20 世纪以来，我国的学术期刊发表了大量关于教育生态学的论文，学者们从不同的角度对教育生态学进行探讨。吴鼎福在《教育生态学刍议》一文中，从教育的生态环境、教育的个体生态和群体生态以及教育的生态系统和生态平衡等方面对教育生态学进行了简要的介绍，并对创立教育生态学进行了思考：教育生态学有哪些基本观点？教育生态学应该建立怎样的理论体系？随后在《教育生态的基本规律初探》一文中，他提出教育生态学有两条基本的规律：教育生态的平衡与不平衡、教育生态系统的内部和外部都存在着竞争与协同进化。刘尔明、张敦奎在《教育生态学论纲》一文中，认为教育生态学的构建，应该从教育的生态环境、生态系统与教育生态等系统、教育生态系统的结构、教育生态系统的演化等方面去考虑（刘尔明等，1993）。方然在《教育生态的理论范畴与实践方向》一文中，试图从生理、心理、自然、社会等因素的综合观察中，谋求建立相互和谐、彼此促进的教育生态理论，在遵循循序渐进的原则下，使人与人、人与自然、人与社会相互和谐、彼此促进方面起到积极作用，借以促进社会整体教育功能的有效发挥。李化树在《教育生态学探讨》中，从教育的生态环境、教育的生态结构、教育的生态功能、教育生态的基本原理等方面对教育生态学进行了介绍，并认为，教育生态存在一些基本的规律：迁移与潜迁移律、富集与降衰律、教育生态的平衡与失调、竞争机制与协同进化、教育生态的良性循环等（李化树，1995）。吴克庚和周丹丹发表的《教育生态学》一文，从教育生态学的理论、结构、研究的任务、作用等方面对教育生态学作了介绍（吴克庚等，1992）。王加强和范国睿在《教育生态分析》中提出，教育生态分析是一种注重全面联系、突出整体价值和强调动态过程、追求持续发展的教育生态研究方式。教育生态分析的“整体—联系”和“动态—持续”纲领，对于我国当前的教育实践和教育研究具有重要价值（王加强等，2008）。邓小泉和杜成宪撰文指出，我国大陆对教育生态学研究20年以来，教育生态学的发展相当缓慢，至21世纪初才开始趋于兴盛。教育生态学研究主要呈现出由宏观走向微观、由理论探讨走向实践分析两个特点，并表现出4个不足：对教育生态系统的重要性认识不够深入，对教育生态层次和结构的研究不够平衡，对教育生态历史变迁的分析不够重视，对生态学原理的把握不够准确，所以教育生态学的学科建立仍要经过一段历程（邓小泉等，2009）。此外，2005年贺祖斌在《广西师范大学学报》（哲学社会科学版）上发表的《高等教育生态研究述评》，2006年李景春在《教育科学》上发表的《生态位理论视域中的教育生态系统及其发展》，2008年王素玲、苏世宽在《高等农业教育》上发表的《高等教育生态发展的教育生态学审视》，2009年王玲、胡涌、粟俊红、张仕固、柳晓玲等合作的论文《教育生态学的研究进展概述》等文章从不同的侧面对我国教育生态学的研究和发展做了客观的叙述与评论。

近年来，我国的研究人员对于教育生态学的理论研究较少，绝大多数研究都是将教育生态的理论与方法应用于教育教学的实践中。例如，王超的硕士论文《教育生态学视角下卢梭自然教育研究》，从教育生态学视角对“自然”与“教育”分别进行论述，介绍了卢梭自然教育的主要内容以及卢梭阶段性教育观点，目的是从教育生态学的角度系统阐述卢梭的自然教育思想，探求出两者之间的相关性（王超，2019）。何林的《教育生态学视野下高校学生管理工作的创新》，尝试在教育生态学的视角下，全面剖析高校学生管理工作存在的问题并提出合理的建议，期望能够促进高校管理工作良性发展（何林，2019）；高佳的《教育生态学视域下乡村小规模学校发展的冲突与共生》一文，试图应用教育生态学理论，构建乡村小规模学校生态系统层级模型，明确小规模学校在宏观系统、中间系统和微观系统中的生态位及生态位宽度，从而建立起乡村小规模学校生态系统能量流动模型，理顺它们之间的关系，化解小规模学校生态危机，为实现小规模学校健康、可持续发展提供解决策略（高佳，2020）。闫艳的《基础教育学校评估：教育生态学的视野》一文认为，教育生态学独特的视角对分析基础教育学校评估问题具有适切性，文章尝试构建“生态式”的基础教育学校评估体系，并从聚焦基础教育学校评估生态系统的角度，对“生态式”基础教育学校评估的要素进行了解析（闫艳，2020）。丁晓磊等人发表的《基于教育生态学背景下高等教育改革路径分析》一文认为，在传统高等教育模式下，以人才培养、教学目标为主体的高等院校，使学生个体在发展中逐渐出现比例失衡问题，建议要从强化教育生态学理念、优化教育制度、避免生态位重叠等方面入手，切实减轻学生压力，建立高校危机预防机制，应对校内生态危机（丁晓磊等，2021）。楼艳和郭立群的《构建高校德育共同体：教育生态学的视角》一文从生态学的视角思考高校德育共同体的建设问题，文章认为，德育共同体的构建是教育生态学思想和方法在高校德育实践中的具体应用；高校德育主体的协同性缺失、德育客体的片面性理解以及德育介体的松散性链接等，使高校的德育陷入了生态性困境；指出，应当从共同体的结构特征和德育的内在属性出发，在课堂微观场域、校园中观场域、社会宏观场域中构建内外联动的德育实践共同体（楼艳，2021）。侯向锋在《基于教育生态学视角：应用型院校“双创”教育优化路径研究》一文中指出，基于教育生态学视域优化“双创”教育路径是应用型院校顺利转型、实现差异化发展的必由之路，文章结合应用型院校创新创业教育所涉及的诸多要素，以及所面临的一系列问题，提出从顶层设计、革新课程设置、构建多元实践平台、完善保障体系等方面出发，最大限度实现多种“双创”教育因子之间的和谐共生，以期形成路径更优化、成效更显著的创新创业教育新局面（侯向锋，2021）。

第二节　教育机会均等的含义及其表现

一、教育机会均等的含义

清晰界定教育机会均等这个概念边界，准确理解其内涵，是研究教育机会均等的前提条件。它不仅涉及哲学视角下公平、正义、平等三者之间的区别，还与基于教育机会均等而建立的教育公平、教育平等和教育正义的区分有关（周鸿敏等，2019）。因为有些学者认为，“正义、公正、公平和公道这些概念几乎可以通用”。然而，这几个概念在侧重点、使用范围及其本质属性等方面存在巨大的差异（万俊人，2003）。

西方哲学家对这 3 个概念做过非常精细深入的分析。梭伦最早给予公平的含义是“给一个人以其应得”，意味着在日常生活中，它表示个体行为的后果，如奖励和惩罚；也表示属于个体自身、属于自我的哲学范畴（廖申白，2002）。亚里士多德（Aristotle）继承“应得”的思想，并将其具体化分为分配公平和矫正公平。分配公平的核心是给平等者平等的分配，给不平等者不平等的分配。给不平等者不平等的分配并不是一种算术意义上的平均分配，而是几何比例意义上的分配（黄藿，1996）。也就是说，分配公平不是数量上的平均分配，而是涉及分配的“点”“线”“面”的问题，以及分配的比例和顺序等问题。美国实用主义思想家杜威强调，“一切人生来平等，不是指心理上的平等，也不是指法律上的平等。作为一切人受之于他们的造物主的平等的道德关系的结果，这种平等是内在的道德平等”（陈首珠等，2014）。现代哲学界哈耶克认为“就平等待遇的要求而言，最具危险的莫过于把它建立在基于所有的人在事实上都是平等的这一显然违背事实的假设上”（高景柱，2020）。马克思认为平等的实质是确保“一切人，或至少是一个国家的一切公民，或一个社会的一切成员，都应当有平等的政治地位和社会地位”（中共中央马克思恩格斯列宁斯大林著作编译局，1995）。社会主义平等观念的科学内涵和实践经历了 3 个发展阶段：1949—1978 年是中国社会主义平等的创立与探索阶段，确立了社会主义基本制度，实现了广大人民群众所期待的权利范畴意义上的平等。1978—2012 年是中国特色社会主义平等的确立与进展阶段，确立了“现在每一个人都要求被作为平等的个体来对待”平等思想。2012 年党的十八大以来，以习近平同志为核心的党中央遵循马克思主义基本原理，直面中国突出的不平等问题，将平等置于理念表达、现实推进与价值培育等多维面向中，为平等注入“正义”“自由”“法治”等理念（秦慧，2019）。

综上所述，我们发现平等这一哲学概念不是一成不变的，随着时代的发展，它的内涵和外延发生了诸多改变，但是其核心要素是对公平的价值追求以及权力与权威的维护。所以就其本质来看，平等包含了教育机会均等。

联合国教科文组织认为，“教育机会均等是指每一个学生不论其先天禀赋、社会背景如何，都有均等的机会接受教育”（张人杰，1989）。对于教育机会均等概念的构成，不同的人有不同的理解。瑞典著名的教育家托尔斯顿·胡森（Torston Husen）在《社会环境与学业成就》一书中，概括了 3 种关于教育机会平等的概念。一种是保守主义的观念，持此观点的人认为上帝给每一个人的能力是不同的，人们应该发挥自己的能力，做适合自己做的工作，也就是保证每个受教育者在教育竞争中受到平等对待，使每个人都得到与其能力相应的教育。自由平等主义代表人物约翰·罗尔斯在《正义论》中指出，每个人都应当拥有平等接受教育的权利和机会，在教育机会与资源分配时，要保障每个人拥有公平的份额，如果在实践中确实存在一些教育机会与资源分配不均等的情况，那么分配的原则必须要符合最少受惠者的最大利益化（曹红峰，2018）。由此发现，自由平等主义对于教育机会的关注重点是教育资源的均等，对于教育资源的利用及其效益以及教育的过程与结果如何则不在信奉自由平等主义人群的考虑范围之中。

出于对自由平等主义者关于受教育机会平等观念缺陷的认识，人们提出了一种新的教育机会均等的观念，这种新观念的基本理想是：受教育机会平等不仅仅是过程的平等，而且必须在一定程度上维持结果的平等，将同等能力的儿童受教育程度的差别以及不同程度的儿童所受教育程度的差别保持在一定的范围内。由于人们的能力天生有差别，社会竞争又在人们的社会地位、经济地位和受教育程度之间造成更大的差别。从效益的角度考虑，政治实践有责任保证这种差别不会严重到威胁社会稳定的程度；从道义的角度考虑，政治实践有责任对弱者和失败者给予一定程度的救助。

2018 年，联合国教科文组织出版了《教育平等测量手册》（*Handbook on Measuring Equality in Education*），介绍教育公平的测量问题。在这本手册中，根据教育领域相关属性“一与多”的特性，教育公平概念被划分为 5 个维度：因材施教、底线标准、公正、条件均等、再分配（周鸿敏等，2019）。

由于教育机会均等概念外延的不断扩大，影响教育机会均等因素重心的转移，教育机会均等是一个至今还没有达成共识的概念。我国有学者认为，“教育机会均等”是指不同社会出身和地位的人能够享有平等的受教育机会，它包括起点均等、过程均等和结果均等。起点均等指每个人不受种族、出身、经济地位等条件的影响，均有开始其学习生涯的机会；过程均等指在教育过程中以平等的方式对待每一个人，它表现在主观和客观两方面：客观方面是资源的投入（包括人和物两个方面），主要指处于同一层次的学校、年级配备同等水平的师资以及物质设施；结果均等指取得学业成就的机会均等，要求学生走出校门时获得相同的学业成就，从而使不同社会出身的学生在起点上的差别得以消除（陈尚生等，2001）。也有学者认为，教育机会均等应该从多个层面进行考虑，在教育的政治领域范围内，每个个体都享有教育自由的权利和教育平等的权利；在教育的经济领域范围内，既要强调教育平等又要承认差异，尊重个体自由选择，个体的自由选择是实现平等的一个方面（曹红峰，2018）。所以，到目前为止，对教育机会均等概念相对统一的看法是它包括入学机会的均等、过程的均等和结果的均等。香港学者卢乃桂在考察内地和香港教育的基础上提出，在很长的时期内，教育平等主要是指教育机会平等，而教育机会平等的一个重要内涵是，只要学生享有平等接受教育的机会，那么，即使结果不平等，这种不平等也是可以接受的（朱永新，2003）。

现阶段，我国教育机会均等的内涵主要有以下几个方面：一是接受教育权利的平等，即每个人不论其民族、性别、家庭出身和宗教信仰如何，都享有平等接受教育的权利。《中华人民共和国高等教育法》第九条规定："公民依法享有高等教育的权利。"二是接受教育机会的平等。拥有权利不一定有机会，教育机会的获得受诸多因素的影响，从目前来看，影响教育机会均等的主要因素有城乡教育的差别、学生的家庭背景、学生的性别差异、国家的教育政策保障情况等。所以，各级政府应该制定相应的教育补偿政策，提高农村地区和弱势群体子女接受教育的机会。三是教育机会均等是相对的，绝对的均等是不存在的。以我国的高考制度为例，高考成绩决定了一个人能否进入高等学校以及进入何种层次的学校。以高考成绩作为衡量指标的做法看起来似乎公平，但是却没有将“影响个人学习与天赋且与天赋无关的资源不均、环境差异等纳入衡量范围，对弱势青年造成了系统性的事实歧视”（吴亮，2020）。四是教育机会均等是竞争机会的平等（李北群，2007）。也就是说，教育的机会不可能也不应该是平均分配的，而是通过个人的努力争取的。以接受高等教育为例，不可能所有的人都进同一所大学，学同一个专业，清华、北大等优质的教育资源必须通过个人的竞争。造成教育机会不均等的因素众多，从教育系统内部来说，由于资源的有限性及配置不均导致的教育生态系统的失衡是教育机会不均等的根本原因所在。从教育系统的外部来讲，学生的天生禀赋、父母的文化程度、家庭经济条件及社会资源等也决定了教育公平的有限性。所以，教育机会的均等只能是相对的均等，随着经济、社会的发展，教育机会均等可能会无限接近，但是绝对的均等是不可能实现的。

二、教育机会不均等的后果

在现代社会，从社会学、经济学和政治意义上说，接受教育的程度关系到一个人的职业选择、经济收入、政治地位以及在社会分层中的流动。从生态学的角度考虑，教育机会不均等的直接后果是教育生态系统的失衡，从而导致教育生态系统恶性循环，不能正常发挥教育的功能，直接影响到社会的稳定发展以及和谐社会的建构。

1. 职业的选择

人们在生活中的直觉告诉我们，拥有良好的教育经历可以扩大择业者的职业选择的机会，提高其经济收入。在学理上，中外学者从不同的角度对此进行了大量的探讨。日本学者麻生诚对日本的高等教育与职业调查分析后发现，英才地位与高学历之间的关系越来越密切，要取得英才地位，必须具有高等教育学历（麻生诚，1987）。他分析了1911—1964年日本高等教育学历与英才地位的关系后发现，1911—1921 年，精英人才中高等学历者占 20%～50%，1928—1941 年，这个比例增加到 40%～50%，到 1955 年以后，这一比例则高达 80%（潘懋元，2001）。事实证明，高等教育机构这个过去一直是选择少数学术精英潜心研究学问的地方，现在还在分配职业阶梯上的等级和社会结构中的位置起作用（布鲁贝克，2002）。这种现象也叫文凭效应，此研究源于人力资本理论与筛选理论的论战。莱亚德等人试图通过对“劳动力市场中教育学历使个人获取额外收益”的验证区分人力资本理论与筛选理论。亨杰福德和索洛伦利用断点样条函数，分析 1978 年美国的人口调查数据后发现，高中教育和本科教育的文凭效应显著存在，大小分别为 3.5%和 9.4%，表明个人获得高中学历和本科学历后会分别获取 3.5%和 9.4%的额外收益（邹勇，2019）。

我国现阶段，在职业市场上一直存在的学历鄙视链，使职业地位的获得与学历之间产生了密切的关系。以机关事业单位管理者的学历结构为例，1982 年，我国“干部”的学历为小学和初中毕业的占 69.8%，大学毕业者仅占 5.8%。1987 年，“干部”中大学毕业生已经从 1982 年的 5.8%提高到 13.5%，其中国家机关负责人中大学毕业生的比例从 8.5%提高到 20.2%，提高近 12 个百分点（潘懋元，2001）。有学者基于中国综合社会调查（CGSS）2015 年的数据，研究了成人高等教育对个人收入和职业选择的影响，发现，与普通专科生相比，成人专科生的职业性收入显著低 17%，总收入显著低 19%；与普通本科生相比，成人本科生的职业性收入显著低 20%，总收入显著低 21%。此外，成人本科生更少进入技术类职业（孙榆婷，2019）。对于民族地区的研究更加表明，居民受教育的程度对其职业选择存在显著影响，机关事业单位最受高学历居民青睐，而教育边际收益率最高的职业为企业办事人员。所以作者建议民族地区应继续坚持优先发展教育事业，破除劳动力自由流动障碍，为民族地区居民跨城乡、跨职业、跨区域自由流动提供制度和服务保障（王国洪，2020）。

2. 经济收入

马克·布劳格说，“教育与收入之间正相关的普遍性是现代社会科学最显著的发现之一，也是少数几条适合于分析所有国家——无论是资本主义国家还是社会主义国家——劳动力市场的准则之一”（赖德胜，1998）。英国古典经济学家亚当·斯密在其名著《国富论：国民财富的性质和原因的研究》中讲到，“劳动工资应根据专业学习有难易、学费有多寡而不同，那些需要花费更长时间和更多费用进行学习的职业应得到更高报酬”（潘懋元，2001）。2002年，中华英才网曾对北京地区居民的学历与收入的情况进行过调查，结果表明，教育程度显著影响个人的经济收入。学历层次为博士、硕士、本科、大专以及大专以下的，年薪平均收入分别为69 716元、67 982元、49 034元、34 200元和23 697元。接受高等教育和大专学历以下人员的收入差距很明显（侯定凯，2004）。有学者基于中国健康与营养调查（CHNS）结果，构建了一个跨越25年父代与子代匹配的样本数据，旨在探讨20世纪末各层次教育扩张对中国代际收入流动变动的影响。研究表明，父代收入引起的教育机会不均等及代际收入弹性在教育扩张之后都呈先上升后下降的“倒U”形变化趋势。1981—1985年出生的群体接受教育机会不均等与代际收入弹性均最高，1986—1991年出生的群体接受教育机会不均等下降而代际收入流动性显著上升。教育机会的均等化是代际收入流动性最终上升的推动因素。更广泛教育机会均等化和劳动力市场中不公平问题的减少，能进一步发挥教育扩张的公平效应（吴学榕等，2001）。相似的研究也表明，21世纪初期，我国城镇职工的教育收益率有显著的提高，并且随着受教育程度的提高年均教育收益率呈提高的趋势，教育对个人收入的直接影响是显著的。高等教育的总回报水平非常高（岳昌君，2004）。还有的学者基于2018年中国家庭收入调查数据，分析家庭背景对个人教育回报率的影响。发现父母受教育水平对个人的教育回报率存在显著的正向影响，意味着家庭教育背景的优势会通过子女的教育投资转化为子女收入的优势（刘泽云等，2021）。

3. 社会分层中的流动

在社会分层的理论中，西方最具代表性的是德国社会学家马克斯·韦伯的多元分层理论。韦伯主张从权力、声望以及经济3个维度来考察社会分层现象，他认为社会分层的实质是社会资源在社会中的不均等分配，即不同的社会群体或社会地位不平等的人按一定方式获得并占有社会中的有价值之物——权力、财富、声望（郑贵胜，2007）。教育作为重要的社会资源，不同的群体对其占有的比例是不均等的，所以教育机会的不均等会影响个体的社会分层。美国著名的教育学家杜威认为，当社会存在经济及社会地位等方面巨大不平等的情况下，教育能给人提供公平竞争、向上流动的机会，从而帮助处于不利地位的人摆脱由于出身所带来的个人发展方面的局限，并能够显著地改善个人的生存状态，减少社会性的不公平（郑华，2004）。能否接受教育，尤其是接受高等教育，深刻地影响人们的社会地位与经济收入，并且对个人在社会阶层流动中的作用日益凸显，逐渐成为社会筛选的主要手段和阶层上升流动的决定性因素。高等教育机会不均等，将很可能意味着农民的孩子还是农民，工人的后代将继续操作机器，当官的子女将继续在社会上占据着要职。如果教育生态失衡到这个地步，阶层固化到让民众失去奋斗的希望与努力的目标，势必影响到社会的和谐稳定与发展。南京大学张玉林在《2004年中国教育不平等状况蓝皮书》中指出，教育的不平等必将造成社会的紧张，并且认为，教育的不平等肯定不会在社会走向稳定的努力中起到积极的作用，希望不平等的所有受害者都成为“宿命论者”而“自认倒霉”显然是非常可笑的。招致普遍的不满、愤怒乃至一部分人的仇恨和基于仇恨的报复——有意或无意的、有所指和盲目的——应在意料之中（张玉林，2005）。

拥有均等的受教育的机会，对个人与家庭至关重要。有学者从宏观的角度研究教育公平与社会分层之间的关系，发现改革开放以来我国教育回报率上升的结构性因素，使教育在社会流动过程中的重要性日益上升。优势阶层凭借其丰富的社会资本，帮助子女在优质教育资源获得或升学机会方面取得胜利，从而导致受教育机会的城乡和阶层差异不断加剧。由此可见，制定合理均衡的教育制度和具体的教育补救政策，逐渐弱化教育的阶层再生产功能，是教育决策部门所面临的重要课题（吴愈晓，2020）。还有学者在对比农业劳动者阶层子女和管理与专业技术人员阶层子女的高等教育的逆袭效应后发现，农业劳动者阶层子女的高等教育准入率明显低于管理与专业技术人员阶层子女，并且这种劣势在本科层次比大专层次更为突出（乐志强等，2020）。文章建议，政府应该努力确保社会底层享有“公平而有质量”的高等教育机会。从家庭教育投入方面进行研究也得出相似的结论，亲子交流和亲子陪伴，是弱势阶层家庭背景对学生学业成绩和心理健康产生影响的关键途径，是弱势阶层群体突破家庭背景藩篱、提高学业表现、实现阶层流动的关键（李佳丽等，2021）。还有的学者基于田野调查数据进行研究发现，新生代农民工在产业发展过程中出现了阶层分化，不同阶层的家庭教育投资、择校偏好的差异是随迁子女教育阶层分化的基础。受积分入学政策影响以及民办学校市场机制的推动，新生代农民工随迁子女教育不断分化并趋向阶层匹配，由此产生非户籍生群体内部的教育起点不平等（尹秋玲，2020）。

第三章　教育生态失衡：我国教育机会不均等的状况及原因

生态失衡是指外来干扰超越生态系统的自我调节能力，而不能恢复到原初状态时，对生态环境带来不良影响的一种生态现象（范国睿，2000）。生态失衡主要表现为森林资源毁坏严重、水资源短缺、耕地面积锐减、环境污染严重、矿物资源耗尽。人口爆炸带来的巨大需求压力、低层次的产业结构带来对资源掠夺式的开采、策略失误给自然资源造成巨大破坏，是导致生态环境失衡的主要原因。教育生态系统失衡，是指教育生态系统受到主观和客观因素的影响，教育系统无法发挥其应有的功能。主要表现在两方面：一是教育生态系统与其环境进行物质与能量的输入与输出，如教育资源的不足，会影响教育生态系统的生存与发展；二是教育生态系统自身结构与功能的失衡，主要体现在教育区域布局和教育系统的功能上。

第一节　教育机会不均等的生态分析

目前我国教育系统的教育机会不均等问题，主要缘由是教育生态系统的失衡，而且在某些方面呈现出越来越严重化的趋势，如果任其发展，势必会影响我国教育事业的健康发展和共同富裕愿景的实现。以下将从生态学的角度对教育系统的生态失衡与教育机会均等问题进行讨论。

一、从教育生态系统的结构上分析

在教育生态系统中，各种教育的层次结构应该按一定的比例合理分布。如果教育生态系统在结构上失调，将会严重影响到教育机会均等。受到我国传统文化的影响，长期以来，学生在职业选择上一直处于非理性的状态，鄙视农业和技术类工作，对文职工作和机关事业单位情有独钟，所以导致大量的高中毕业生在报考高等院校时，优先考虑的是普通高等教育院校、单科大学和综合性大学，在迫不得已的情况下才选择职业技术类院校。高等职业教育受到冷落的结果是普通高等院校数量多，职业技术院校数量少，大部分学生都挤进“学术”行列，并以此为荣。基础教育阶段亦如此，初中毕业后，能上普通高中的，绝不会上职业高中或中等专业学校，导致我国的教育生态结构严重失衡。近年来，国家大力发展职业教育，计划将部分高职院校升级为职业本科院校，提高职业院校的教学质量，以满足社会对高素质劳动者的要求，如果改革能够顺利进行，将明显地改变教育生态层次结构极度不平衡的状况。但是，就目前的情况来看，民众对于职业技术院校仍然抱有成见，即使将高等职业院校升级为职业本科依然不被接受，如何改变社会的普遍看法，转变广大民众的思想观念，还需要加大宣传的力度。而且，更需要转变观念的是职业技术院校本身，一些职业技术院校为了能够摆脱“职业”二字，纷纷寻找机会脱帽加冕，改为普通本科院校，造成了高等教育生态系统的结构层次的缺损，从而加重了高等教育生态的不平衡，这与现代化建设对各个层次人才的需求不相适应。近年来出现的“万金难买高级技工”的技工荒，就是高等教育生态失衡的典型表现。

就高等教育生态系统结构的主体而言，生态失衡主要表现在文科、理科、工科、医科、农科、师范等院校的比例失调。一段时间，由于对人才培养缺乏科学的预测，财经、管理、生工类等院校或专业设置太多，致使大面积的学生在毕业时出现结构性失业。而中文和数学等基础类学科、专业报考人数太少，许多专业开始渐渐萎缩，文科与理科比例失衡达到历史之最。当前，我国已经进入高等教育普及化阶段，要想使我国从高等教育大国变成高等教育强国，必须对高等教育进行第四次转变。在这百年未有之大变革时期，借鉴国外一些国家已有的成熟经验，或许对我们有所启迪。有研究人员通过对比分析中国和美国高等教育系统内部的层次结构和科类结构发现，中美两国在高等教育系统内部结构上各有特点，这反映了两国高等教育发展的不同历程。但是中国高等教育与外部经济水平及人口压力的匹配程度与美国相比仍存在一定差距。因此我国需要继续优化高等教育内部结构，提高高层次人才培养规模，处理好文、理科的比重，提高高等教育经费投入，加快建设终身学习教育体系（崔亚楠，2021）。

高等教育阶段的结构失衡导致了教育机会的不均等，在基础教育阶段亦是如此。长期以来，基础教育所形成的城乡二元结构，导致城乡之间教育资源存在巨大的差异，城市和乡村学生接受教育的机会和教学的质量存在较大的不平等，导致现在“龙门”逐渐升高，难以逾越。据调查数据，2011 年全国名牌大学的农村学生从改革开放初期的 30%下降到 10%（周旭，2011），寒门难出贵子似乎成了弱势群体的魔咒。虽然这样的结果是由多重因素造成的，但是农村教育的薄弱是直接和根本的原因所在。除了农村家庭的子女得不到均等的教育机会，进城务工农民子女和转户进城人员子女也存在教育机会不均等的情况。在学校的布局上，城市的学校数量多，设置合理，城市学生就学方便。而在农村，学校布局极其不合理，为了上学，学生不得不到离家几十千米甚至上百千米的地方上学，这对学生的身心发展极为不利。

二、从教育生态系统功能的角度分析

教育生态系统是教育系统的要素与要素之间及要素与环境之间相互联系、相互影响、相互作用形成的结构稳定的功能整体

(邓小泉，2013)。教育生态系统的功能主要从教育系统内部与外部之间物质流、能量流、信息流的功能情况来考虑。如果教育系统内部与教育系统外部的物质流、能量流和信息流的吸收与输出顺畅，没有富集与堵塞，那么可以认为教育系统的生态是平衡的，公民接受教育的机会也是均等的。例如高等教育的三大功能之一——社会服务：高等教育系统从外部环境吸收能量，进行教学活动和科学研究，培养各种专门人才并向社会输送。在这一过程中，这种流动应该是良性循环，高等教育生态系统才是平衡的，这样才有助于高等教育机会均等实现。但是，目前我国高等教育生态系统的功能却呈现出失衡现象，从外部流入高等教育系统的能量不足，主要表现为高等教育资源的短缺。高等教育系统向外输出的物质流不足，信息流不畅，主要表现为高等教育发展的节奏满足不了人民对高质量高等教育的需求。同时，高等学校的保守性，使得高等教育的发展落后于时代，高等教育培养的人才与社会的需求之间存在距离，妨碍了高等教育机会均等的实现。

从整体上分析，高等教育系统具有两大功能。一方面，对个人来说，高等教育为暂时处于弱势地位的人提供了向上流动的机会，以改善其生存状态；另一方面，高等教育不仅具有很强的功利价值，直接推动社会科技、教育的发展，同时也具有重要的非功利的价值，有利于促进社会公平，保持社会稳定。一种教育制度民主化的程度，或这一制度提供的均等教育机会，最明显的表现就在入学机会上（朱顺祥，2004)。

高等教育生态系统功能的失衡还表现在高校招生时对人才的吸收方面。从统计学的角度看，人的智力水平在各种人群的分布应当是相等的。高校在招生时，对各种阶层人才的吸收应该按照相应的比例，但是结果远不如人所愿。如 2021 年第七次全国人口普查结果显示，我国乡村户籍有 9 亿农村人口，占全国人口的比例 60%多，按照这个比例推算，农村高中毕业考上大学的人数也应当是这一比例。但是现实的情况是，我国的高等学校招收的农村大学生与这个比例却相差甚远。有研究表明，清华大学、北京大学、复旦大学、浙江大学等国家重点大学，20 世纪 90 年代以来招收的新学生中，农村学生的比例呈下降趋势。2000 年清华大学农村学生的比例为 17.6%，比 1990 年减少 4.1 个百分点。1999 年北京大学中农村学生的比例为 16.3%，比 1991 年减少 2.5 个百分点；2002 年北京师范大学中农村学生的比例为 22.3%，比 1990 年减少了 5.7 个百分点。重点高校招录农村学生的比例逐年趋下的情况令农村户籍的学生与家长心寒。据《广州日报》报道，2013 年，寒门子弟上重点大学比例下降，全国 985 工程高校农村考生比例仅为 20.8%。西部的一个省份统计显示，这个省的考生中农村学生和城市学生文科差 4 分，理科差 39 分。北京 985 工程高校农村考生比例仅为 20%，因城乡差异，北京籍农村考生比例约为 12%，可是 12%的农村学生中实际只有 1.7%能够考上北京 985 工程高校，8.8%考上北京 211 工程高校。最新的研究也表明，农业户口群体接受不同层次高等教育的比例在扩招前后均远低于非农业户口群体，且在扩招后这种差距被进一步拉大，尤其在本科教育上表现得尤为突出（屈廖健等，2021）。

不仅在高等教育领域，在基础教育生态系统中也存在着物质流、能量流与信息流等方面功能失调问题。有研究发现，在民族地区基础教育存在教育生态主体单向流动、教育生态环境两极化、教育生态链联结脆弱等生态失衡现象。究其根源，在于民族地区基础教育资源的短缺，即生态系统能量输入的不足。外部环境的复杂性导致信息流的输入受阻，以致民族地区基础教育内外发展动力不足而失去平衡。谭天美指出，要想使民族地区教育生态系统平衡，必须积极推动乡村人才振兴，增强基础教育生态系统良性循环的持续动力；持续优化教育生态环境，拓宽基础教育生态系统良性循环的生存空间；创建多层级教育生态关系，完善基础教育生态系统良性循环的结构（谭天美，2021）。

第二节　我国教育机会不均等的状况

在家长眼中，子女的教育是头等大事，在教育资源短缺与分配不均的情况下，为了能给孩子争取到优质的教育资源，家长们几乎想尽办法，用尽手段。在争夺教育资源的过程中，“高考移民”就是手段之一。2021 年高考结果公布之后，在网络上爆出了一个新闻，引起社会各界一片哗然。赫赫有名的河北衡水某中学校长之子，就读于衡水中学，却以西藏考生的身份回西藏参加高考。消息一出，引起社会舆论广泛关注，西藏教育考试院紧急回应称“已取消郗某某报考资格”。除此之外，在网络上引起广泛关注的还有上海复旦大学学生王某状告学校事件。2014 年 9 月，王某将户口从河北省秦皇岛市迁至贵州省贵阳市，2015 年 9 月考入贵州省贵阳市某高中，进行学籍注册，但其高中阶段实际就读于衡水某中学。王某违规获取贵州省高考资格，复旦大学查明情况后给予王某取消学籍处理。王某不服，将复旦大学告上法庭。郗某某和王某的高考移民事件，再一次显示出实现教育公平的任重道远。除了国内的“高考移民”，还有另一种“曲线高考移民”——根据某些中国一流大学对外籍人员申请就读不需要参加高考，只需要提供申请资料，通过专家评审面试合格之后即可入学的招生政策，一些家长经过一番“研究”之后，纷纷移民国外或赴海外生子，然后让子女回国上大学。这些教育现象公然践踏教育公平，如果不加以整治，将加剧教育机会不均等，减小民众的获得感和幸福感，这些都不利于社会的和谐与稳定，使我国的教育生态失衡，减缓或阻碍建设共同富裕社会的步伐。

高等教育阶段机会不均等的报道时常见诸报端，基础教育阶段教育机会不均等的现象也见诸各大媒体。据报道，在许多偏远山区，不少地方教育部门将国家实施的农村城镇化战略简单地理解为“向城镇转移”，于是责令村级幼儿园和小学向乡（镇）合并，乡（镇）高中向县城集中，形成一股“停办村校向城镇合并”之风，村校荒芜。为省车钱，孩子们常常要抄近走十几里山路，许多地方道路险峻，令人揪心。学校向乡（镇）、县城集中后，村里孩子上学的交通费、食宿费、生活费等明显增加，读书成本大幅度提高，导致部分学生辍学。除此之外，农村基础教育阶段学生教育机会不均等还体现在学校的基础设施和师资等方面。据报道，许多村级学校教师老龄化情况堪忧。湖南省安德乡4个教学点共26名教师，30岁以下的仅3人；该乡小学共10名教师，平均年龄达58.5岁，“爷爷奶奶”教小学已是“见怪不怪”（鲁志枢等，2016）。

虽然各大媒体屡屡报道我国教育机会不均等现象，其状况究竟如何，必须依据一定的标准来判断。首先，从纵向比较发现，我国教育机会相对来说更加公平了。据教育部公布的教育统计数据显示，从2010年到2020年的10年间，小学升初中的比例从98.7%上升到99.5%，实现了义务教育的普及化。初中升高中阶段，从87.5%稳步上升到95.7%。高等教育稳步发展，高等教育毛入学率从2010年的26.5%上升到2020年的54.4%，迈入了高等教育的普及化阶段。2020年全国新增劳动力平均受教育年限为13.8年，比上年提高0.1年，其中，受过高等教育比例达到53.5%，比上年提高2.6个百分点（中华人民共和国教育部，2021）。

但是横向比较来看，我国教育还存在诸多不平等之处，主要表现在以下几个方面。

1. 不同地区入学机会不均等

由于中国教育资源的分布不均衡，各省份的教育水平不同，不同地方高考制度不同，导致不同地区学生的入学机会不均等。比如北京户籍的高三考生就读北大、清华人数，占到了招生总名额的至少10%；而外省份的考生要进入北大、清华，必须要做到千里挑一，甚至只有当地的高考状元才有可能进入，竞争的程度用千军万马过独木桥来形容毫不为过。除了获得清华、北大等国内一流大学教育机会不均，我国各省份的普通本科录取率也差异巨大，表明我国各省份学生的高等教育入学机会存在明显不公。据搜狐网统计数据，2021 年，本科录取率最高的是天津市，约为 73.13%；其次是上海市，录取率约为 66.46%；接下来录取率较高的是北京市、江苏省和广东省，本科录取率都超过了 50%。浙江省虽然没有统计具体的本科率，但是其总录取率达到了 95%以上。可以看出，在直辖市和长三角及珠三角等沿海经济发达地区，学生获得高等教育的机会较高。而在经济欠发达的边远省份，本科录取率远远低于中心城市和沿海经济发达地区。例如本科录取率最低的陕西省仅为 22.15%，不及天津市和上海市的 1/3，四川省的本科录取率约为 30.88%，湖南省的本科录取率约为 31.61%，不及上海市和天津市的 1/2。

2. 不同省份、地区以及不同区域对教育的投入失衡

国家对不同省份教育投入的不公，人为地造成教育资金向东部沿海城市、大城市、中心城市倾斜。由此导致最好的设施、师资、管理等公共教育资源向少数学校流动和集中。西部边远地区和农村的学校投入较少，加大西部地区和农村学生的教育成本，影响学生的教育机会均等。根据教育部网站公布数据，2019 年全国小学阶段专科及以上学历教师比例为 97.3%，其中，城市小学为 99.1%，农村小学为 96.3%，城乡差距为 2.8 个百分点。全国初中阶段本科及以上学历教师比例达到 87.4%，其中，城市初中为 93.1%，农村初中为 84.0%，城乡相差 9.1 个百分点。义务教育阶段教学仪器设备配置水平进一步提升，但城乡差距依然较大。全国小学生生均教学仪器设备值为 1 672 元，农村小学为 1 511 元，相当于城市小学的 77.8%，全国初中生生均教学仪器设备值为 2 625 元，农村初中为 2 354 元，相当于城市初中的 76.4%。农村小学、初中建网学校比例分别为 65.7%和 74.2%，分别比城市学校低 17.3 个和 11.5 个百分点，城乡差距依然较大（中华人民共和国教育部，2020）。2020 年 10 月教育部、国家统计局与财政部联合发布的数据显示，在经费投入方面，2019 年广东省的教育经费投入最高，为 3 217.77 亿元，其次是江苏省，为 2 200.58 亿元。最少的是宁夏回族自治区，为 179.36 亿元，是广东省的 5.574%。再以生均一般公共教育经费预算情况为例，北京的小学生生均是 34 056.72 元，为全国最高。河南省最低，只有 6 801.84 元，比北京市低 27 254.88 元，比全国平均水平低 4 525.57 元（中华人民共和国教育部，2020），可见不同地区对教育的投入差距之大。

3. 学校的空间布局不合理

在义务教育阶段，全国中小学的分布存在向城市集聚的趋势，农村学校大量减少。2019 年，全国共有普通小学 16.0 万所，比上年减少 1 663 所；其中城市小学增加 650 所，农村小学减少2 313所。全国共有初中阶段学校 5.2 万所，比上年增加 433 所；其中城市初中增加 569 所，农村初中减少 136 所（中华人民共和国教育部，2020）。

高等学校在全国分布存在明显的不平衡。由于高等学校能为学校所在地的企业解决技术问题，为当地的文化发展注入活力，为当地的经济发展带来驱动力，所以高等学校所在地的省级政府，甚至高等学校所在地的市级政府都对高等学校的发展给予资源和政策上的帮助。作为回报，高等学校在招生时，对所在地的生源予以照顾，简单说就是多招本地生源，这就造成了高等学校数量多的地区学生获得高等教育的机会就多，获得优质高等教育的机会也多。从教育部公布的《2020 年全国高等教育学校（机构）数》（表 3－1）中，可以明显地看到各级各类高等学校在各省、市的分布极其不均衡。普通高等学校总数（本科院校数）最多的是江苏省，普通高校的总数是 167 所，其中本科院校 78 所，均为全国第一；全省高职院校 89 所，居全国第二。其他高校数较多的有广东、山东、河南、浙江等省份，数量都超过了百所。北京市的优质高等教育资源最多，共有普通高等学校92所，其中的67所本科院校中有39所为中央部门办校，资金充足，师资力量雄厚。而同年高校数最少的是西藏，仅有7所，本科院校4所，高职院校3所。高等学校数量少的省份还有青海、宁夏、甘肃、新疆、海南等省份。与此相对应的是，优质高等教育资源在全国的分布也不均衡。全国有8个省份无一所中央部门办的高等学校，分别是山西、内蒙古、江西、广西、海南、贵州、青海、西藏。2020年全国高等教育学校（机构）情况见表3-1。

表3-1　2020年全国高等教育学校（机构）数

单位：所

地区	普通高校				成人高等学校		民办的其他高等教育机构
	合计	本科院校	其中：中央部门办	高职（专科）院校	合计	其中：中央部门办	
总　计	2 738	1 270	118	1 468	265	13	788
北　京	92	67	39	25	23	8	64
天　津	56	30	3	26	13	0	0
河　北	125	61	4	64	6	1	38
山　西	85	34	0	51	9	0	55
内蒙古	54	17	0	37	2	0	0
辽　宁	114	63	5	51	18	2	54
吉　林	64	37	2	27	14	0	15
黑龙江	80	39	3	41	16	0	35
上　海	63	40	10	23	14	0	227
江　苏	167	78	10	89	8	1	0
浙　江	109	60	1	49	8	0	20
安　徽	120	46	2	74	6	0	7
福　建	89	39	2	50	3	0	0

（续）

地区	普通高校				成人高等学校		民办的其他高等教育机构
	合计	本科院校	其中：中央部门办	高职（专科）院校	合计	其中：中央部门办	
江　西	105	45	0	60	8	0	13
山　东	152	70	3	82	11	0	60
河　南	151	57	1	94	10	0	50
湖　北	129	68	8	61	14	0	18
湖　南	128	52	3	76	12	0	27
广　东	154	67	4	87	14	0	29
广　西	82	38	0	44	4	0	0
海　南	21	8	0	13	1	0	0
重　庆	68	26	2	42	4	0	5
四　川	132	53	6	79	15	1	39
贵　州	75	29	0	46	3	0	0
云　南	82	32	1	50	1	0	0
西　藏	7	4	0	3	0	0	0
陕　西	96	57	6	39	14	0	0
甘　肃	50	22	2	28	5	0	32
青　海	12	4	0	8	2	0	0
宁　夏	20	8	1	12	1	0	0
新　疆	56	19	0	37	6	0	0

注：表中数据来源为教育部 2020 年教育统计数据。http：//www. moe. gov. cn/s78/A03/moe _ 560/2020/gedi/202108/t20210831 _ 556506. html。

4. 不同社会阶层的教育机会存在明显差距

在我国，有幸能够接受高等教育的学生中，有管理阶层、知识分子、城市户籍背景的占大多数。有研究显示，21 世纪初期，我国机关干部和企事业单位负责人在全国各行业总人数中所占的比例只有 2.02%，而他们的子女在本科高等学校学生总数中的比例高达 15%。专业技术人员在整个从业人员中的比例是 5.43%，他们的子女在本科高等学校学生总数中的比例则为 13%。与之相对应的是，农民及相关职业从业人员的人数在整个从业人口中的比例高达 69.3%，但是他们的子女在本科高等学校学生中的比例只有 29.4%（侯定凯，2004）。在名牌大学和重点大学中，干部、知识分子家庭背景的学生占较大比重，而师范、农林院校则是农村家庭的子女占绝大多数。据资料显示，父亲的职业对其子女进入“热门专业”和“冷门专业”的机会影响很大。在“热门专业”的学生中，党政机关、企事业单位干部和专业技术人员的子女合计占 47.1%，高出总体比例 13.2 个百分点。而农村家庭子女却只有 24.8%，低于总体比例 14.4 个百分点（张玉林等，2005）。最新研究表明，这个状况没有得到根本的改变。有研究人员利用中国综合社会调查（CGSS2015）数据，分析家庭背景、大学文凭对职业阶层地位获得的影响及其作用机制。研究发现，我国现阶段职业阶层的获得呈现出封闭性特征，体现在个人学历对其阶层地位的“城乡双轨制”，教育对农村户籍个体具有“地位生产机制”，而对城市户籍个体而言起到了“地位再生产机制”的作用，尤其以父代政治身份的再生产差异最大，“因为城市个体政治资本与权力结合的程度远高于农村，而且当前我国的高等教育仍附属于行政体制，所以城市家庭父母利用自身的政治资源，为子女谋得高等教育和职位获得的机会比农村家庭高得多”（尚进云等，2020）。

5. 教育腐败践踏教育机会均等

近年来，随着网络信息开放力度和公民民主意识的加强，中国教育界的腐败事件被披露出来的越来越多。学术造假、基建贪污、转移科研经费 、挪用公款、滥用学术权力 、违规乱收费、职称评审中滥用职权和违规招生择校、权钱色交易等等，每一件都让人瞠目结舌，本来在人们心目中属于纯洁高尚的学术圣地，本是学者们耐清贫做学问的清水衙门，竟然成了腐败的“重灾区”。

腐败问题是关系到教育机会均等的一个重要问题，尤其在学校招生时，弱势群体由于社会资源的缺乏，在择校过程中一直处于劣势地位。违规教育收费也是群众特别关心的问题，有些学校强制学生购买电子产品、教辅软件或资料，超标准收取学费、住宿费、军训服装费、保险费、体检费，违规开办假期托管班进行收费等等，这些收费行为有违教育公平，在社会上造成了恶劣影响。随着改革开放的广度与深度不断提升，将教育作为产业进行经营成为许多人的目标，一时间，学校成为社会资本角逐的对象，走在路上，百米之内定能看到校外学科培训广告，在优势群体不屑中国教育、弱势群体放弃教育的状况下，只有中产阶层还在苦苦支撑，希望通过自己的努力使下一代通过教育跻身上层，至少保持在中层，一旦稍有松懈，有可能其子代将会跌入社会底层。而社会资本正是抓住了民众的这一心理，通过创办私立学校、学科培训机构等贩卖焦虑，使广大的家长对孩子的教育高度紧张，他们通过节衣缩食甚至贷款等方式，花费高额的成本来为孩子争取优质教育的机会。其他的诸如人情、权利等等，都可能影响到招生官员的裁断。招生名额分配的地区差异，也使得城市和农村、富裕生与贫困生、有背景与无背景之间的竞争失去公平。

教育腐败是教育机会均等的一大阻碍，严肃查处整治损害群众利益的教育腐败行为，已经成为迫在眉睫的问题。为此，近年来，教育部单独以及联合其他部门先后印发了《新时代高校教师职业行为十项准则》《新时代中小学教师职业行为十项准则》《新时代幼儿园教师职业行为十项准则》《关于加强和改进新时代师德师风建设的意见》等文件，对教育界的腐败问题予以坚决的打击和治理。2021 年全国两会结束之后，党中央、国务院决定对全国的中小学进行减负，对校外教育机构进行治理，现在已经初见成效。继续加大对教育腐败的治理力度，持续巩固教育腐败的治理成果，相信不久的将来，我国的教育界一定会呈现出一片风清气正的风貌。

第三节　影响教育机会均等的因素分析

在理想的均等与不均等的社会现实之间寻找到平衡点，找出影响教育机会均等的因素，才能对症下药，解决教育机会不均等问题。为此，中外学者做了大量有益的尝试，产出了大量的研究成果，对教育机会均等的内涵和外延的认知不断丰富和加深。在对中外文献进行梳理后发现，无论是理论探讨还是实证研究，影响个体教育机会均等的因素主要集中在家庭背景和学校教育，以及学生所属的区域环境，还有性别的差异以及科学技术在教育领域的应用等。

一、家庭背景

家庭与个体的发展息息相关，家庭的人员构成、经济地位、社会地位以及政治地位等，对个体的学业成就有着显性与潜在的影响。此外，家长的职业类别、文化程度、家庭的氛围以及家长对子女教育的期望值等因素，与学生受教育机会的取得直接相关。自《科尔曼报告》发表以来，国内外研究影响教育机会均等因素的文献不计其数。研究人员发现，家庭背景的影响远大于学校对学生的影响，延续了科尔曼对影响教育机会均等的判断（杨文杰等，2019）。

家长的职业类别，是家庭经济地位和社会地位的重要指标。家长的职业差别，是影响学生获得教育机会的一个客观因素。因家长职业的差别而形成了不同的家庭环境，造成子女学习条件、学习氛围、学习动机等千差万别，进而影响到子女接受教育机会的获得。早在 20 世纪初期，国外就有学者开始研究家长的职业对学生教育的影响，研究发现，“下层阶级家庭的认知缺乏与中层阶级家庭的‘隐蔽课程’形成鲜明的对比”（赵忠心，1989）。韦雷的研究也表明，“在一国之内，父亲职业地位越高，一般来说其子女数学成绩也越好”（鲁洁，1990）。美国国家教育统计局根据 2011 年的数据对全美学生的学业成绩统计后发现，学生学业成绩在高收入家庭与低收入家庭之间存在明显的沟壑，并且这种沟壑具有持续性，从学前教育时期到高等教育之前的 12 年一直存在（吴桐，2020）。我国的研究者也得出类似的结论：父辈职业地位对子代受教育水平的影响一直存在，而且这种影响的变化过程并没有表现出以往相关研究所观察到的历史分期特征（方长春等，2018）。也就是说，在任何年代，不管历史如何变革，父辈的职业地位一直影响子女的教育水平。还有的研究表明，父母的职业不仅影响子女的教育机会，而且还影响到他们的职业选择。“子女接受过高等教育，其所从事的职业受父母职业的影响相对较小。而接受过中等教育和初等教育的劳动者则很难跨越职业的代际效应。并且，受教育程度越高，代际间向上流动的可能性就越大。受教育程度越低，代际间向上流动的可能性就越小”（郭丛斌等，2004）。值得注意的是，如果父辈的职业是知识分子，其学习和工作融为一体，文化上的优势能够使子代在获得教育机会方面具有独特的优势。

家庭的经济状况，直接与受教育者的学习环境、健康条件和物质生活息息相关。众多研究表明，家庭经济条件是影响学生教育机会的重要因素。一般认为，家庭经济困难的学生在教育机会获得方面的不利因素主要是缺乏学习必要的物质条件。比如，在城市家庭中，电脑、汽车已经成为司空见惯的家庭必备品，学生可以在网络上轻易地获得所需的学习资料，上学有汽车接送，不再忍受寒风酷暑之苦。而农村经济困难家庭的学生，为了节省几块钱车费，有时要冒着风雨翻越十几里甚至几十里泥泞的山路。由于经济困难耗费了学生大量的精力，导致学习时间投入不足，结果就是他们在升学竞争中处于不利地位。家庭经济困难还造成不良的居住条件，没有基本的学习设施设备，有的家庭甚至不能为其子女提供一张像样的书桌和座椅，孩子每天回家只能趴在床上学习，更别提为孩子提供适宜的学习环境了。

有研究人员对初中阶段的教育机会不平等程度进行了研究，发现家庭背景与教育机会不平等之间有直接的相关性，并且与农村相比，影响城市教育机会不平等的因素中，家庭背景的作用力更为显著（江求川等，2020）。还有研究者从家庭住房的角度研究人们是如何通过持有房产而获得优质的教育资源。研究结果显示，在就近入学政策背景下，家庭背景对优质教育机会的获得具有显著的影响，房产在学生优质教育机会获得的过程中发挥了重要作用，即优势阶层的家庭可以通过选择居住地位置的方式来获得优质的教育机会（李敏等，2020）。同时，学校学生的社会构成也会影响教育机会的不平等，也就是说“生源效应”是教育机会不均等的显性表现。所以居住空间的阶层化可以通过影响学校生源的社会构成而作用于教育不平等（方长春，2019）。不仅在普通教育阶段，即使在研究生教育阶段，家庭的社会经济地位对学生在获得研究生教育机会上的不平等依然存在。研究表明，不同社会经济地位家庭的学生在研究生教育机会的获得上存在较大的差异，而且在获得海外研究生教育机会上的差异更为显著（焦开山等，2018）。

家长的文化程度，是以学生家长接受学校正规教育的程度为指标的。它也是影响学生教育机会均等的重要因素之一。国外已经有大量的研究表明，家长的文化程度对学生教育机会的获得有重要的影响。国内也有大量的研究从学理上探讨与论证家长的文化水平与学生教育机会获得之间有密切的关系。有研究者通过实证研究发现，父亲文化程度高的学生比父亲文化程度低的学生获得高中教育机会的可能性大，特别是父亲的文化程度为高中、大专、本科及以上的学生显著高于父亲的文化程度为“不识字或很少识字”的学生（杨宝琰等，2014）。从学生对教育机会均等的满意度方面来说，结论也是相似的。有一项针对学生对我国政府致力于教育机会分配公平性改革的态度的研究（沈有禄等，2017）发现，父亲社会经济地位越高、母亲受教育水平越高、家庭年收入越高的学生，越倾向于对政府在教育机会分配的公平性持满意的态度，而父亲社会经济地位越低、家庭年收入水平越低的学生越倾向于持不满意的态度。所以，从相关的研究结果可以看出，家长的文化程度也具有代际传递性，并影响到子代教育机会的获得以及学业成就，从而影响到子代的经济收入和社会地位的提高。

除了家长的职业类别、家庭的经济状况、家长的文化程度等是影响学生教育机会均等的重要因素之外，家庭的氛围、家长对孩子的教育期望值以及学生自身的努力程度也是重要的影响因素。一般情况下，家庭氛围分为和睦、平常和紧张 3 种。有研究发现，3 种不同的家庭氛围，学生的学业成就有显著的差异（鲁洁，1990）。家庭结构的破裂也会对子女学业成就造成显著的负面影响，单亲家庭子女在各门主课科目成绩上均显著低于完整家庭子女。相对来说，单亲家庭对子女有着较低的学业成就要求，逃学旷课问题更为严重，单亲家庭在子女教育的时间投入均显著低于完整家庭（汪树坤，2020）。还有的学者研究城乡学生教育机会均等的差异发现，影响高等教育机会获得的主要因素，自致性因素的影响效应大于先赋性因素。也就是说，提升农村学生的努力程度，增强其学习的内驱力，是增加农村学生获得高等教育机会，改善城乡高等教育机会不均等现状的有效途径之一（叶晓梅等，2019）。

二、学校教育

以上讨论了家庭背景对个人教育机会获得的影响。学校是改变个人命运的重要场所，学校教育是否会延续因家庭出身不同而导致的教育机会不均等？抑或是改变了因家庭出身的不同而导致的机会不均等？由此可见，学校教育可能会延续了家庭教育的机会不均等，这可以从不同的教育阶段来分析。义务教育阶段，当前我国实行的是免费义务教育，所有适龄儿童都有进入学校接受教育的权利。表面上看，确实是实现了教育机会均等。但是从教育资源分配看，不同区域的学生接受教育的质量有着巨大的差别。即使在同一区域，不同学校之间的差距也是天壤之别，重点学校集中了优质的教学设施，优秀的师资，学生在毕业时进入重点大学的机会多。而一些普通学校硬件和软件都较差，甚至办公经费也短缺，学生毕业后大多数进入职业院校或普通院校。再者，近年来众多私立学校的设立，以及国际学校在国内设立分校，更加剧了教育机会的不均等。在高中教育和高等教育阶段，我国实行双轨制：职业教育和普通教育。职业教育是注重实用的教育，这种教育主要教授学生实用的知识和技能，使之成为拥有现代技术的熟练产业工人。大力发展职业教育，是国家和社会发展的需要，是脱贫攻坚的有效手段，也是社会弱势群体改变家庭命运的有效途径。但是，在中国传统观念的影响下，职业教育没有被广大民众所认可，在劳动力市场和社会阶层流动中，仍然处于劣势地位，与普通教育相比则是霄壤之别。这种有明确分层规则的教育设计，具有传统的科层化的行政体系，学生在进入学校接受教育后，非但没有改变教育机会不均等的状况，反而加剧了教育机会的不均等。相关的研究也证明这个主观认知：某市的重点高中通过招生特权淘汰了绝大部分初中毕业生，被淘汰的学生只能进入低一级的普通高中或职业高中就读。进入重点高中的学生开始了冲刺名牌高校的征程（王香丽，2016）。这种选拔制度更有利于优势群体家庭的子女接受优质教育，学校教育不仅没有消减教育机会的不平等，反而强化了教育不公平的现象。在对当前我国实施的城镇化集聚过程中流动劳动者随迁子女受教育机会的研究也表明，流动劳动者随迁子女在义务教育阶段进入公立学校的概率显著低于其他阶段，说明随迁子女义务教育阶段的教育质量较低，对学生以后学习技能及改善收入水平都有一定的负面影响（赵颖等，2017）。

在某些情况下，学校教育可能重新制造和加剧了教育机会的不均等，但是学校教育能否抵消一些不平等呢？以帕森斯为首的结构功能主义者认为，学校教育能够迅速发展的一个重要原因是因为它有助于形成社会平等，减少社会的不公正（杨文杰等，2019）。学校教育是一个特殊的场所，它有组织、有计划地对人的身心发展施加影响，对人的发展具有独特的价值，在开发个体的特殊才能、发展个性、促进个体的社会化方面具有重要的作用。学校教育不仅是传授知识、发展能力，而且能够唤醒生命的自觉意识，为个体生命的发展奠定基础。所以，从这些方面来看，学校教育具有补偿作用，它能为处境不利的学生提供资源，并且在一定程度上通过学生自身的努力，获得一条阶层上升的通道。在实践中，我国各级政府部门也正在通过学校这条途径对弱势群体子女提供帮助，实施“免杂费、免书本费，逐步补助寄宿生生活费”等政策，就是希望在兼顾公平与效率的前提下，逐步实现公民受教育的平等权。

三、其他因素

1. 区域差异

为了体现教育公平，中国设计了严格的高考选拔制度，其制度背后的逻辑是：不论考生背景如何，只要能在高考选拔中获得好的分数，就能花最少的钱获得最优质的高等教育资源。但是，结果并非如众人所愿，因为“分数面前人人平等”呈现出阶层差异，“寒门难出贵子”“鲤鱼难跃龙门”的言论频频出现。农村子弟高等教育入学机会的不平等，并非是高考制度出现问题，而是基础教育阶段教育不平等扩大的后果。如果学生在基础教育阶段落后，其后续的教育有可能就会步步落后。目前众多的研究显示，城市孩子享受的教育资源明显优于农村学生，东部地区的学校教育质量和影子教育支出显著高于中部地区和西部地区。沿海与内陆之间、城市与农村之间的基础教育资源差异仍然巨大，这是区域发展不平衡在教育服务供给上的具体表现。而且更加令人沮丧的是，“努力因素对成绩不平等的贡献均远低于环境因素，农村学生由于缺少优质教育资源，想要通过努力缩小成绩差距相当困难”（张楠等，2020）。

有研究人员对兴安盟地区基础教育的田野考察可以鲜明地看出区域的差别对学生教育机会获得的影响之大。兴安盟地区财政收入较低，经济基础薄弱，公用经费不足。义务教育阶段学校的主要收入来源是生均公用经费。兴安盟地区各校仅能勉强维持，学校日常发展以及教师素质提升等方面得不到足够的资金支持。按学校实际情况计算，村级小学、教学点资金缺口率53.8%；小规模学校资金缺口率44%；中等规模学校资金缺口率24.8%；大规模学校资金缺口率14.5%（田傧等，2021）。在校舍失修、图书得不到更换的情况下，教育质量如何与城市里设备完善的学校相比？

区域差异对学生教育机会的影响不仅体现在教学质量上，更重要的是，较高的辍学率使许多学生没有完成最基础的受教育年限，就开始进入次要劳动力市场。原因大致有几方面：一是在偏远的经济落后山区和农村地区，一些人员由于收入较低无法养家而选择到外地打工，收入与能力的有限不得不将子女留在原籍上学，使一些学生成为留守儿童。这些人在精力和经济上都对留守子女的教育投资不足，在长期得不到足够的温情和管束的情况下，一部分学生逐渐失去学习的动力与兴趣。二是处于偏远地区和农村地区学生的辍学率普遍较高，这种高辍学率可能与家庭资源缺乏有关，但可能更多受到周围群体的影响，较早放弃学业谋求物质条件的改善，是学生辍学的主要原因（赵颖等，2017）。近年来，我国的高等教育开始进入大众化和普及化阶段，使得高等教育的预期收益开始减少，在一定程度上削弱了低收入家庭继续支持子女求学的动机。

2. 性别差异

所谓性别差异是指男女两性在心理学、社会学方面的不同特点。作为教育学研究的性别差异主要包括生理、心理和社会方面。而与教育机会均等关系较为密切的因素主要是社会性因素、社会角色期待、性别角色以及社会交往等等。由于我国自古以来存在的重男轻女思想，导致对女性教育投入较少，女性接受教育的机会更少，接受教育的程度更低。所以关于性别差异与教育机会均等的问题，一直是教育学、社会学以及经济学等学科研究的热点问题。有研究表明，从20世纪40年代到70年代中期，男性接受高等教育的机会是女性的1.8倍以上，虽然有一定的波动，但是高等教育的性别差异在相当长的时间内一直维持在较高的水平（方长春等，2018）。另一个有关大学扩招前后高等教育代际传递在性别上差异的研究（李修杰，2021）指出，扩招前，在父辈未受过高等教育家庭里，男性接受高等教育的机会是女性的1.75倍；在父辈受过高等教育家庭里，男性接受高等教育的机会是女性的1.36倍。扩招后，在父亲未受过高等教育的家庭里，男性接受高等教育的机会是女性的0.99倍。从数量上看，扩招对于女性接受高等教育的机会增加了。但是，教育机会均等不能仅仅局限于数量，还要看质量，也就是说看谁能上好大学。有研究显示（周丽萍等，2017），男性进入“C9”高校的概率是女性的1.840倍，进入“985”高校的概率是女性的1.760倍，进入“211”高校的概率是女性的1.655倍。农村地区的男性进入重点高校的优势更显著。进入“C9”高校的概率是女性的2.638倍，进入“985”高校的概率是女性的2.135倍，进入“211”高校的概率是女性的1.862倍。并且进入的大学越好，男性比女性越有优势。

随着九年义务教育的普及、社会经济的发展以及男女平等意识的提高，女性受教育机会不均等的情况得到了极大的改善。据教育部统计数据，2020 年，在小学阶段，我国女生入学人数占学生总数的比重为 46.65%，与男生基本持平；在初中教育阶段，我国女生入学人数占学生总数的比重为 46.65%，与男生也基本持平；在高中教育阶段，女生在校生为 50.43%，略高于男生。随着高等教育规模的扩大，招收研究生人数的增加，我国女性学生接受高等教育的机会正在不断提高。2020 年，我国女性攻读研究生的人数占学生总数的 50.94%，与男性学生人数基本持平，攻读硕士研究生的女性占学生总数的 52.53%，略高于男性，而攻读博士学位的女性人数占学生总数的 41.87%，明显低于男性（中华人民共和国教育部，2021）。这其中的原因可能是攻读博士学位时，女性已进入最佳的生育年龄阶段，社会及家庭对她们的角色期待开始转换，以及女性自我角色认知的改变，使一部分成绩优异的学生放弃攻读博士学位。

3. 网络信息技术的应用

随着互联网和多媒体技术的诞生，交互式多媒体技术已经得到了跨越式的发展，新技术的发展对于促进教育公平具有划时代的意义。每一次技术革命都对教育的发展具有巨大的推动作用，同时教育的发展也促进了新技术的发展。教育与信息技术的契合是教育发展的必然趋势。然而，新技术的发展对于教育来说是一把双刃剑，既是机遇，也是挑战。各级政府部门如何合理利用全新的信息技术去推动教育机会的均等，为实现更大范围的教育公平作出决策并促进共同富裕的实现，具有重要的现实意义。

信息技术能够促进教育公平的实现，首先表现在教育技术的革新上。信息时代，传统的教学模式已经被彻底解构，一支粉笔、一块黑板、以口授为主的授课方式已经远远落后于时代。集图形、影像、动画、声音及视频等多种媒体信息的多媒体技术在教学中的应用，更能吸引学生。多媒体技术的控制性、交互性、非线性和实时性的特点，与传统教学方法相比，更容易将知识传授给学生。同时，信息技术最大限度地实现了教学资源共享。通过互联网，不仅是城市，即使是边远地区和广大农村地区的学生也能和重点学校的学生在一个虚拟的教室里同步上课，从而获得优质的教学资源。学生对于知识的获得，不再仅仅局限于教师的课堂传授，他们可以通过互联网获取自己所需的知识，并且通过互联网还可以获得名校教师的单独指导（王丽蕾，2016）。信息技术以其低成本高效率的特性，改变了传统的千篇一律的教育方式和教育内容，在超时空的世界里为促进教育机会的均等做出了巨大的贡献。

信息技术能够在技术上促进教育机会的均等，更能在思想上改变民众的观念，促进教育机会均等的实现。在古代，孔子早就提出了“有教无类”和“因材施教”的主张，这是教育机会均等的最朴素的愿望，但这在古代社会是不可能实现的，而信息技术却为之提供了实现的可能。传统的教学方式，因为教师的数量有限而求学者众多，所以想要实现每个人都均等地接受教育的愿望很难。然而互联网可以实现一个教师上课，成千上万甚至更多人的同时听课，这时的教学活动，教师和学生既是一对一的，更是一对多的多元复合状态。在当今越来越强调创新的社会，培养和发展学生的个性和特质，是对社会复合型人才需要的回应。传统的一元化教育理念无法满足当前国家的发展战略，因为所有人以同样的方式接受知识，这本身和人的个性化发展是冲突的。而网络教育使人们意识到人的个性化发展的重要性和实现的可能性，网络教育的多元化，能够满足每位学生的个性化需求，每位学生都能发挥最大的优势和潜力，在学习中真正得到长足的进步 。

当今世界信息技术的高速发展，正在以前所未有的速度改变着世界，信息技术对于促进教育机会均等，其重要性是不言而喻的。但是，教育部的统计信息表明[1]，由于我国经济发展不平衡，新技术的应用在城乡之间是不均衡的，我国地区经济差异显著，国家在农村、贫困或边远地区教育的经费投入逐年加大，但由于这些地区本身经济基础薄弱，社会经济发展水平低，一些学校基本的办学条件还未得到保障，无法满足教学的需要，所以信息化建设缓慢，并且由于信息化师资的不充分，导致对新技术的接受与应用都相对落后。这也意味着在信息化时代，城市地区的教育借助互联网快速发展的同时，也进一步拉大了和农村地区教育水平的差距。另外，面对丰富的信息资源，农村学生由于家长忙于生计而对子女的监管缺失，而低年级学生识别、选择、分析信息的能力弱，没有相应的网络素质，很大概率会受到网络的侵蚀，沉湎于网络之中迷失自我，导致道德认知不健全、道德情感的缺乏以及行为失范，这不仅不能促进教育机会的均等，反而偏离了教育公平的理念。

信息技术的发展为教育机会均等提供了良好的平台，国家教育部门和各级政府应抓住这个千载难逢的机会，利用互联网技术大力发展教育，努力促进教育机会的均等。2019 年以来，教育部和其他相关部门先后制定出台了《关于实施全国中小学教师信息技术应用能力提升工程 2.0 的意见》《关于促进在线教育健康发展的指导意见》《关于大力加强中小学线上教育教学资源建设与应用的意见》等学校信息化建设的相关指导意见。这些文件的出台，对于净化网络环境，规范学生的网络使用时间与范围，提升教师的信息化水平具有重要的意义。

① 2019 年，我国义务教育阶段建立校园网学校比例继续提高。农村小学、初中建网学校比例分别为 65.7%和 74.2%，分别比城市学校低 17.3 个和 11.5 个百分点，城乡差距依然较大。

第四章　教育生态治理：促进教育机会均等的生态学分析

“生态治理”是指治理主体为应对环境危机、解决环境问题、改善环境现状，进行调控、管理，最终实现行动目的的整个过程（来妤婷等，2021）。从生态治理的概念可以看出，这里的“治理”主要强调构建人与自然和谐共生的环境。当自然生态环境失衡时，治理主体运用一定的手段与方法，建立起生态环境治理体系，提高生态治理能力，推动生态文明建设，提高生态治理的效率，加强生态治理的效果。教育系统和生态系统有着相似的发生机理和发展规律。当前，我国的教育生态存在一定的失衡现象，影响教育机会均等的实现。近年来，我国的生态治理取得了可喜的成绩，生态治理的效益越发显著。借用生态治理的理念对我国的教育生态系统进行治理，解决我国教育生态系统失衡问题，不失为一个有益的尝试。

第一节　影响教育机会均等的生态因子

教育生态学把教育者和受教育者既看作社会的人，又看作自然的人。因此，教育的生态环境比一般的生物生态学上的生态环境复杂得多，是一个复合生态环境，包括自然生态环境、社会生态环境和规范生态环境。在教育系统内外，这 3 种生态环境都直接或间接地对教育起着重要的影响。教育机会均等是教育系统中的一个基本问题，它同样受这 3 种生态环境的影响。

一、自然生态环境

自然生态环境简称自然环境，即通常情况下生态学所称的生物圈，它包括非生物环境，如高山、丘陵、平原、沙漠、湖泊、海洋等，还包括生物环境，如森林、草原、灌木丛、苔原、微生物区系、动物种群、植物群落等。其中每种自然环境，又是各种生态因子的复合，有时某一种生态因子还综合着若干因子（吴鼎福等，2000）。自然环境是人类生存和发展的基本条件，对于教育机会均等会产生直接或间接的影响。我国幅员辽阔，各地的地理条件和气候条件差异很大，造成了地区之间政治、经济、文化发展的不平衡，与此相对应，教育机会均等也存在着明显的地区差异。处在边远地区和山区的学生，相对于处在城市中的学生，他们接受教育的机会要小得多。从国家教育督导组 2020 年对已经通过义务教育均衡验收的 2 767 个县的复查情况看，全国依然有部分县存在师资队伍结构性短缺、资金投入不足、教学设施不达标等问题（余慧娟等，2021）。此外，部分偏远山区和民族地区县域的城乡义务教育均衡发展还面临教育供给职能多样化，办学成本较高和师资供给不畅等难点和痛点问题（吴宏超，2020）。

与初等和中等学校的分布不同，高等学校的分布一般集中在城市里，且东部沿海经济发达地区的高校数量远远超过中部和西部地区。据 2016 年《中国统计年鉴》的统计数据，我国东部高校数量占全国总数的 43%，招生人数占全国的 42%。而西部地区的高校数和招生人数只占全国总数的 23%和 24%。具体情况见表 4 - 1。

表 4 - 1　2015 年中国区域高校分布及招生情况

	东部	中部	西部	全国
高校数（所）	1 105	866	589	2 560
招生数（人）	3 084 985	2 550 740	1 742 770	7 378 495

资料来源于《2016 年中国统计年鉴》。转引自：李念，2018. 教育公平视阈下网络教育研究 [J]. 武警学院学报 (9).

我国高等学校区域分布的不平衡和高等学校发展历史以及高等学校本身的任务和性质有关。但是，我们也应该看到自然生态环境对高等学校分布的影响。不同科类的大学，一般设在不同的地区。某一科类学校的设置要考虑所在地的自然环境。如沿海地区有水产学院、海运学院、海洋大学、部队的海校（海军学院）等；草原地区畜牧业教育比较发达；交通类院校一般都设在内陆地区；铁路交通网密集的城市设有铁路运输学院、铁道学院、铁道医学院等；而以纺织为主的高等学校，大都设在棉、毛产区或纺织工业较发达的地区；电力、动力、无线电、工业类高等教育机构一般分布在城市中。自然生态环境影响高等学校的地区分布，从而直接或间接地影响各地区学生接受高等教育的机会多寡。

二、社会生态环境

社会生态环境，又称结构环境，是人类所特有的生活环境。社会生态环境包括政治环境、经济环境、学校环境、家庭环境等等。社会生态环境是一个具有高度组织性、层次性的复杂整体，社会生态环境中的各种生态因子相互联系、相互制约，共同组成一个复杂的生态系统（范国睿，2000）。社会生态环境的每一个因子都单独或综合地对教育系统产生影响，从而促进或阻碍机会均等的实现，具有镶嵌性和叠加性的特点。在讨论社会生态环境对教育机会均的影响，本书主要从家庭环境、社会经济环境和政治环境三大方面做概要分析。家庭是由婚姻关系、血缘关系所建立的社会生活基本单位，是组成社会的最基本的细胞。家庭经济状况与受教育者的物质生活、学习环境、健康条件等方面有直接或间接的关系，对受教育者能否均等地接受教育产生直接的影响。有研究表明，农村家庭背景的学生就读师范专业的比例高于城镇。而就读非师范专业的比例依次为干部、工人和农民家庭的子女（侯定凯，2004）。家长的职业类别是家庭经济地位的一个重要指标。一份有关高等学校在校生父亲职业构成的调查报告指出，父亲的职业差别对子女考入高校有相当大的影响：父亲职业是知识分子、干部和职员类别的，其子女比工人农民子女有更多升学、深造的机会。在调查对象中父亲的职业为农民的，占在校生总数的22.7%，按江苏省同年的统计数字，全省农业劳动者占劳动人数的80.3%，这两个数字显出极大的差异（鲁洁，1990）。

家庭的文化状况也影响教育机会的均等。家长对子女的教育期望对子女的学业成就水平具有较大的影响，孩子的价值观念很大一部分是在家庭中形成的，家长对教育价值的认定、对孩子的职业期望，都会影响到孩子的学业成就水平和对学校的选择。教育期望是重要的成就动机，高的教育期望能够促使学生追求高学业成绩和更高的学历。有研究发现，我国农村家长对子女的教育期望普遍存在3种状态：由于主要劳动力市场选拔标准的激励，以及高等教育扩招而形成的普遍追求高学历社会环境，农村家长在子女入学初期教育期望处于高水平阶段，希望子女能够考入好大学，取得高学历；但是，教育资源的劣势使农村家长教育期望水平伴随着子女就读年级的升高而逐渐降低；最后，由于家庭的经济状况以及家长的低学历造成子女的成绩不理想，使农村家长教育期望处于低位（康大为，2021）。与之形成鲜明对比的是，大学教授则一定会要求自己的孩子上大学（余秀兰，1999）。

经济是社会结构的基础，它对整个社会的教育发展起着决定性的作用。经济越发达，社会越发展，教育的规模也必然随之相应地扩大，这种带有规律性的发展趋势，可以从当代世界范围内高等教育的增长得到证实。全世界高等学校招生人数1950年为631.7万人，1960年增加到1 200.2万人，1970年则增加到了2 820.6万人（潘懋元，2009），20年时间翻了一番还多。新中国成立以来，我国的高等教育事业取得了很大的成绩，1994年，全日制普通高等学校本、专科大学生已经增加到279.86万人，是新中国成立前最高年份（1947 年为 25 098 人）的 111.5 倍（潘懋元，2009）。改革开放以后，我国的经济开始复苏，高等学校的入学人数也随之快速增加。随着我国经济持续快速增长，我国的高等教育也步入了快速发展的轨道，入校人数增加极快。自 1999 年高校大幅扩大招生以来，高等学校的数量和接受高等教育的人数急剧上升。有权威数据表明，到 2020 年，我国共有普通高校 2 738 所，其中本科院校 1 270 所（含本科层次职业学校 21 所），高职（专科）院校 1 468 所，成人高等学校 265 所，研究生培养机构 827 个。“十三五”期间，我国的高等教育入学人数持续上升，毛入学率持续提高。2015 年，我国的入学高等教育的在学总规模为 3 647 万人，毛入学率为 40%；到 2020 年，全国各类高等教育在学总规模已达到 4 183 万人，高等教育毛入学率 54.4%，进入了高等教育普及化阶段。具体情况见图 4－1。

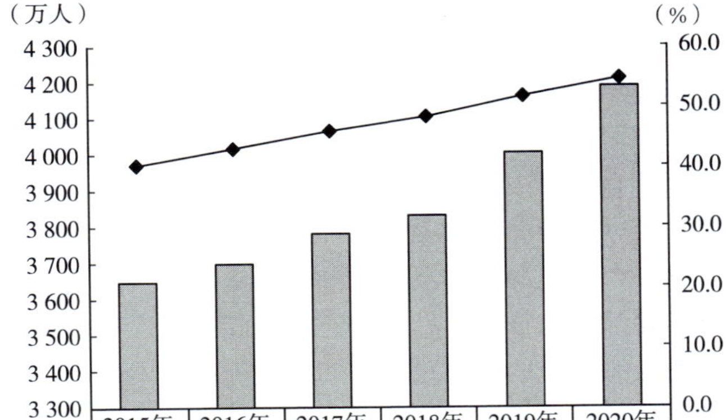

	2015年	2016年	2017年	2018年	2019年	2020年
在学总规模	3 647	3 699	3 779	3 833	4 002	4 183
毛入学率	40.0	42.7	45.7	48.1	51.6	54.4

图 4－1　“十三五”时期高等教育在学总规模和毛入学率

政治制度是建立在生产关系基础之上的社会制度，其对教育的影响表现在诸多方面。一定社会的教育制度是该社会形态的政治制度的重要表现，教育的宗旨和目的、教育的方针与政策、教育的领导权和受教育的权利、办学的方向和培养目标，都会受到政治制度、政权的性质制约和影响。1989 年，国家教委提出“控制研究生教育，稳定本科生教育，适当发展专科生教育”的规定，对高等教育的数量和规模起到了一定的限制作用。1999 年，中国开始扩大高等教育招生规模，高等学校的人数急剧增加，缓解了“千军万马过独木桥”的局面，大大增加了民众接受高等教育的机会。进入 21 世纪，随着信息技术的发展和产业的转型升级，原有的人才已不能满足社会的需求，同时，高等教育的规模已不能满足人们日益增长的接受高等教育的需求。为此，党中央和国务院在《国家中长期教育改革和发展规划纲要(2010—2020年)》中提出继续扩大教育规模，要使“高等教育大众化水平进一步提高”，有力促进了高等教育的机会均等。

三、规范生态环境

规范生态环境，又称精神环境或价值环境，是人类在社会群体生活中所形成的各种态度、风气、价值观念等。规范环境大致包括文化、艺术、科学、技术、治学思想、道德观念、社会风气、民族传统和习俗、法制民主等。就其性质而言，规范生态环境是人类社会独有的，是人们在长期的社会生活和社会实践过程中，在人与人之间的相互联系中逐步形成的（范国睿，2000）。

与自然生态环境、社会生态环境相比，人类的规范生态环境与教育生态系统的关系更为密切，因为教育本身就是规范生态环境的主要构成要素——文化的一部分，各种社会文化借助教育才得以传播、继承和发展，而教育又以各种社会文化为内容和素材，进行教育活动。

在规范生态环境中，各种生态因子对教育的机会均等都会产生渗透或交织、促进或妨碍等各种作用和影响。就文化因子来说，中国古代的知识分子在“万般皆下品，唯有读书高”“书中自有黄金屋，书中自有颜如玉”等价值观的影响下，崇尚读书之风传承悠久，读书成了人们改变现实生活、向上层社会流动的重要手段。但是一段时间以来，中国出现了“读书无用论”的思潮，教师厌教，学生厌学。科学技术因子对教育的影响则更加显著。教育的发展规模与速度、专业的设置与课程的选择、自然科学与工程技术科学的内容、现代化教学手段的应用，无不受到科学技术的制约。而教育的发展规模、现代化教学手段的应用，都和教育机会均等密切相关。

以上概要介绍的3种环境与教育机会均等之间的关系，是希望从宏观上把握生态环境与教育机会均等之间的关系。但是，自然生态环境、社会生态环境与规范生态环境单独或综合地对教育机会产生影响，这3种环境又由若干生态因子组成，这些生态因子又综合地对教育产生影响，再加上各种因子之间错综复杂的叠加效应，因此，要想对每个生态因子进行分析，探析每个生态因子是如何对教育机会均等产生影响，几乎是不可能做不到的。所以，以下将运用生态学中的几个原理与规律来分析教育机会均等问题，并对如何促进教育机会均等做进一步的探讨。

第二节　限制因子定律及其在教育机会均等中的应用

一、限制因子定律

早在1840年，德国农业化学家李比希就研究了各种化学物质对植物生长的影响。他发现，谷类的产量通常不受它所大量需要的营养的限制，反而受限于那些只需要微量的原料。这个发现被称为李比希定律。定律的基本内容是：任何特定因子的存在量低于某种生物的最小需要量，是决定该物种生存或分布的根本因素。1965年，赖特指出，当生态因素由于缺乏、低于临界线，或超过最大忍受度的情况下，就起到限制因子的作用（鲁洁，1990）。这就是限制因子定律。

限制因子是生物的生存和繁殖依赖于各种生态因子的综合作用，但是其中必有一种和少数几种因子是限制生物生存和繁殖的关键性因子，这些关键性因子就是所谓的限制因子。任何一种生态因子只要接近或超过生物的耐受范围，它就会成为这种生物的限制因子（尚玉昌，2002）。

教育生态系统中，不论研究个体生态还是群体生态，不论教育生态的小系统还是教育生态的大系统，限制因子都是客观存在的，限制因子定律作为生态学的基本原理，应当在教育领域中受到重视和研究。教育生态系统中的限制因子会阻碍教育事业的发展，限制人才培养的数量和质量，影响个体对于教育机会的获得等众多方面。

二、影响教育机会均等的限制因子

在教育生态系统中，几乎所有的生态因子都可能成为教育机会均等的限制因子，而不是像李比希所研究的那样，只是限于微量需要的元素。而且，限制作用不仅由于某种生态因子的量太少，低于临界线，而且也会因为某种生态因子的量太大，在超过最大负载力时起限制作用，从而影响教育机会均等。在教育生态系统中，影响机会均等的限制因子主要表现在教育资源的短缺、教育资源地区间分配的不均等方面。

1. 教育资源短缺对教育机会的影响

近年来，由于人们对教育的需求不断增长，教育规模不断扩大，虽然国家对教育的财政投入持续增加，但是由于教育成本的不断增高、教育资源的浪费、教育行政管理人员对教育经费的使用不当等诸多因素，造成了教育资源的短缺。教育资源决定了学校的办学条件和办学水准，教育资源的短缺，会对学生的学习质量、教师的教学水平和学术水平等方面产生一系列的影响。教育资源的短缺，还会引发经济地位较高的家庭和经济地位较低家庭对于教育资源的争夺，甚至会造成各类家庭之间对教育教育资源的非理性竞争而引发的焦虑和仇恨。

有学者认为，教育资源投入的短缺会导致“教育贫困恶性循环累积因果效应”的出现，即教育投资少会导致受教育人数的减少，接下来便会产生层层累积的因果效应：从个人来说，会导致个体的教育水平降低、素质降低、劳动能力降低、劳动生产率降低、劳动收入减少、教育收益更低。对区域或贫困地区来说，教育发展愈加滞缓，长此以往就会陷入教育贫困状态，产生教育贫困的“马太效应”，农村和落后地区的教育更加贫困，贫困人口受教育的程度更低，难以依靠自身的力量跳出教育贫困陷阱（向延平等，2020）对国家来说，对教育的投入少，造成人口素质低，导致科技力量薄弱，创造发明存量少，影响国家科技发展水平，国家因此而贫穷，更无力增加对教育的投入，形成恶性循环。在这个循环链条中，国家对教育的投入是根本。

当教育资源短缺时，从效益的角度考虑，最小的投入能获得最大的回报，所以只能暂时牺牲公平，实行“精英教育”，造成了教育资源分配的严重不公。教育资源短缺对学生影响的直接后果就是学费的提高，因为从经济学的角度来讲，谁投资谁受益，所以经济基础好的家庭通过对教育的投资而获得教育机会。这看起来似乎是公平的，但是却影响到低收入家庭学生的教育机会的获得，并且在不考虑低收入家庭学生的智力水平以及学业成绩的情况下施行这种政策，这本身就是一种不公平。如果国家财政不能提供足够的资助，低收入家庭的学生和社会地位低下、基础教育薄弱的偏远地区的学生就有被挤出校门的危险，这就意味着生活条件差的学生被无情地剥夺了接受教育的机会。

一所学校是一个教育生态群落或生态系统，在这个生态系统中，教师作为重要的教育资源之一，它的数量和质量以及教师的学历结构、年龄结构、性别结构以及职称结构的状况，是这个生态群落或生态系统的主导因子。如果教师数量不足，有些课程无法正常开课，必然极大地影响到学生的综合素质，从“教育贫困恶性循环累积因果效应”的角度来看，最终会影响到学生的升学、就业、经济收益和阶层流动。一项田野调查报告显示，目前在我国的中西部地区和偏远的山区，学校的教师缺编和流失的现象很普遍①，所以学校的教育质量是可想而知的。再比如农村中小学中的女教师比例过高，男教师数量较少，这种状况对学生性格的形成影响深远。

学校的规模是教育资源分配最直接的体现，教育资源作为教育机会均等的重要的限制因子之一，学校的规模对学生的学业也有重要的影响。有研究显示，农村小规模学校的教育质量低下，体现在学生的学科发展不均衡，数学学科成绩偏低，语文的知识应用能力以及数学各层次能力均比城里的孩子差，并非他们的天赋、能力天生比城里的孩子差，而是农村小规模学校的师资薄弱，教学设施配置差所产生的限制作用（刘善槐等，2011）。又如农村小规模学校不仅教师数量少，而且学科结构也不尽合理，语文、数学、外语等学科的教师超编，音乐、体育、美术等学科的教师奇缺，导致农村小规模学校教育模式陈旧，校园生活单调乏味冷清，缺乏活力（段兆兵，2021）。这样的教育与当下所提倡的素质教育相去甚远。

2. 教育资源地区和区域间分配不均对机会均等的影响

在我国教育投入不足的情况下，教育资源的分配和使用上存在着不公平的现象，尽管我们必须承认社会差别的存在是必然的和不可避免的，但是城乡教育之间、东部教育与西部教育之间的差距已出现了进一步扩大的趋势（袁纪玮，2007）。从 1997 年到 2019 年，在生均公共财政预算教育事业费支出上，城乡间差距

---

① 唐静等人对湖南省溆浦县 3 个村庄的调研数据显示，该县教育发展相对滞后，师资结构不合理，中层师资严重枯竭，团队素质相对较低，县级财政十分困难，教育投入不足。见唐静，等，2020. 湖南省溆浦县教育阻断贫困代际传递的调研报告［J］. 农村经济与科技，31（6）.

巨大。特别是在2013—2019年，城乡小学之间相差从46.81元扩大到515.99元，城乡初中之间从差距62.6元扩大到1 467.2元（杨成荣等，2021）。整体来看，东部地区和中心城市的教育资源最集中，质量也最高。在对我国重点大学录取率的比较中，同样是东部地区比较高，最高的是京津沪，占东部11个省份的近60%（张荣花，2019）。

国家投资设立的重点大学在省际分布也不均衡，这些重点大学主要集中在少数大城市和沿海地区。以高校地区分布为例，2001年时北京有高校63所，而青海只有6所；国家重点支持建设世界高水平高校，东部地区占8所，而中西部只有1所。京、津、沪三大城市每万人拥有大学生人数分别为169、152人和81人，而贵州仅为12人（陈真，2004）。这种高等教育学校地区间分布失衡的现象对不同地区学生接受高等教育的机会产生了一定的影响。东部经济发达地区招生名额较多，适龄人口接受高等教育的机会明显高于中西部地区。例如，2001年北大、清华在北京市的招生名额分别占其招生总数的13%和18%，但当地的高中毕业生人数只占全国的0.9%，这使得北京地区的学生考入北大、清华的机会高出其他地方十几倍（郑华，2004）。而20年后的今天，高等学校在地区间的分布不均情况依旧没有大的改观，可以通过对权威数据的对比来说明东西部教育之间的差距有多大：2020年，浙江省有高等学校137所，其中普通高校109所，成人高校8所；普通高校中本科院校60所，民办高校20所；全省2020年招收本专业学生人数是151 402人，在校生人数是1 148 737人。而青海省高等学校只有14所，其中普通高校12所，12所中本科院校4所，只有浙江的1/15；全省2020年招收本专业学生数是19 632人，只有浙江省的13%；在校生74 111人，是浙江省的6.5%。

再将浙江省和青海省的中小学情况进行一下比较，就更能清楚地了解两省之间教育资源的差距。2020年，浙江省小学体育运动场（馆）面积达标校数的比例为99.8%，体育器械配备达标校数比例、音乐器材配备达标校数比例、美术器材配备达标校数比例、数学自然实验仪器达标校数比例和建立校园网学校（含教学点）比例均为99.9%；在初中阶段，生均图书为55.8册，体育运动场（馆）面积达标校数的比例为99.9%，体育器械配备达标校数比例、音乐器材配备达标校数比例、美术器材配备达标校数比例为99.9%，理科实验仪器达标校数比例为99.7%，建立校园网校数比例为100%；初中毕业生升入高中段的比例为99.14%，高中段教育毛入学率为98.1%，高等教育毛入学率为62.4%。同年，青海省小学体育运动场（馆）面积达标学校比例90.18%，体育器械配备达标学校比例为96.32%，音乐器材配备达标学校比例为94.27%，美术器材配备达标学校比例为95.09%，数学自然实验仪器达标学校比例为94.54%；初中阶段，设施设备配备达标的学校比例情况分别为：体育运动场（馆）面积达标学校比例为92.02%，体育器械配备达标学校比例为96.96%，音乐器材配备达标学校比例为96.96%，美术器材配备达标学校比例为96.58%，理科实验达标学校比例为96.58%；高中阶段毛入学率为91.79%，高等教育毛入学率为45.57%。

三、运用限制因子定律分析教育机会均等

运用限制因子定律分析教育机会均等，首要任务是找出影响教育机会均等的限制因子，然后正确地分解构成的生态因子，发挥其调控的能动作用，把限制因子转变为非限制因子，从而促进教育机会均等。例如，高等教育资源短缺是高等教育机会均等的限制因子，就要对之加以调节，目标是建立合理的教育资源的调节与优化配置制度。当前我国教育机会不均等，直接原因就是教育经费的不足。所以首要的是要提高教育经费在整个国民生产总值中所占的比例。长期以来，教育被视为一种消费和社会福利，不具有生产性。在以经济建设为中心的政策影响下，教育财政政

策的执行并不到位，教育经费不足，教育财政让位于基础建设和生产实践的财政导向在很长时间未能得到有效扭转（苏兆斌等，2021）直到20世纪90年代，特别是党的十七大报告提出“优先发展教育”之后，国家财政性教育经费占GDP的比例得到一定程度的提升。1999年，我国教育经费占国民生产总值的比重为2.79%，但是低于世界各国5%的平均水平。教育部公告显示，2019年全国教育经费投入总额为50 175亿元，首次超过5万亿元，比2018年的46 135亿元增长8.74%。国家财政性教育经费为40 046.55亿元，首次超过4万亿元，比上年的36 995.77亿元增长8.25%，占GDP比例为4.04%，自2012年实现4%目标以来，已经连续8年保持在4%以上。

其次，由于我国教育财政制度的不健全，在教育经费的分配和转移支付方面缺乏公开透明性，公众对于经费分配的过程、数额、各地区分配比例等关键信息很难获取，由于信息的不对称而导致经费划拨的随意性，加上监管的缺失甚至导致权力的失控。例如教育均衡发展问题，在高等教育阶段表现得尤为突出。为了建设国际先进水平的一流大学，我国先后实施了“985”“211”工程。近年来，国家为了提升高等教育综合实力和国际竞争力，作出了建设“双一流”的重大战略决策。这些重点高校在教育经费的分配上占据了绝对优势。而一些地方普通院校获得国家的资金投入很少，特别是经济欠发达地区的院校获得地方财政的支持也很少。由于资金的不足严重制约了院校的正常发展。所以，“双一流”建设的过程中，国家应该统筹兼顾，对于地域偏远、经济落后、教育资源匮乏的中西部地区加大扶持力度。为了解决高等教育中西部高等教育发展不平衡的矛盾，推动中西部高等教育发展模式的转变，教育部将制定和发布《新时代振兴中西部高等教育的若干意见》，文件颁布实施后，中西部教育高等教育机会不均等状况将会有很大的改观。

第三，建立和完善办学经费筹集制度。在2010年中共中央、国务院印发《国家中长期教育改革和发展规划纲要（2010—2020年）》之前，高等教育的经费来源单一，教育经费主要来自国家的财政拨款，而教育财政经费无法满足当时教育规模急剧扩大的需要，在没有更好筹资渠道的情况下，高等学校不得不提高学费标准，所以“学杂费在高等教育总经费和高等教育事业收入中所占比例分别从1998年的14.56％和52.56％增长到2008年的33.92％和76.27％”（张浩等，2020），人民群众高等教育成本负担逐渐加重，严重制约了高等教育的发展。在《国家中长期教育改革和发展规划纲要（2010—2020年）》中，提出了要多渠道筹措教育经费。2019年2月，中共中央、国务院印发的《中国教育现代化2035》中，再次明确提出了“完善教育现代化投入支撑体制”“完善多渠道教育经费筹措体制，完善国家、社会和受教育者合理分担非义务教育培养成本的机制，支持和规范社会力量兴办教育”。

早在20世纪80年代国外的学者从“公共产品理论”的视角研究后认为，高等学校应该采用多渠道模式筹措教育经费，以解决其经费不足问题（刘欣等，2019）。国内有学者认为，我国高校办学经费筹措应引入市场机制，改革财政拨款分配方式，培育捐赠文化，为民办高校的发展营造良好环境等（陈武元，2018）。所以，拓展教育经费的筹措渠道是我国国情的需要，也是世界高等教育的发展趋势。近年来，随着国家的倡导和社会各界对教育的重视，我国教育经费的来源渠道已经呈现多样化的面貌，但是我国的教育立法还不太健全，完全跟不上教育的发展速度。例如，随着富裕阶层的出现，我国已经有部分人愿意向学校捐款，但却还没有成熟的捐赠机制。

影响教育机会均等还有一个关键的因素是最适度，即某种生态因子能否成为限制因子与这种生态因子存在的量有直接关系。李比希提出的当一株植物所需要的营养物质降低到这种植物最小需要量以下的时候，这种营养物质就会限制这种植物的生长。而在教育生态系统中，限制作用不仅是因为某些因子的量太少，低于临界线，某些因子的量过多也会起限制作用。这就是“过”与“不及”的问题。例如，20 世纪 80 年代，在高等教育机会均等思想的影响下，印度政府大量投资高等教育，使高等教育的发展在第三世界首屈一指。印度独立前仅有大学 18 所，而到 1985 年，已达到 149 所，如果把各类高等学校都算进去，印度当时已有 5 723 所高等院校，入学人数已达到 357 万，这一数字仅次于美国和当时的苏联（潘懋元等，2002）。然而这种大规模投资高等教育的后果是入学人数急剧增加，教育质量急剧下降，并且就业岗位有限，导致大量毕业生结构性失业，浪费了紧缺的教育资源。虽然高等教育入学机会大大提高了，但是却造成了事实上的不均等——高等教育结果的不均等。这样，高等教育的大量扩招并没有促进高等教育均等，反而就成了限制因子，加剧了教育机会的不均等。

第三节　边缘效应与教育机会均等

一、边缘效应的概念

边缘效应这个概念是 1942 年由贝切尔提出来的。他发现在两个或多个生物群落的交界处，往往结果复杂，出现不同生物的种类较多，且特别活跃。由于种群密度变化较大，生产力相应变得比较高（吴鼎福等，2000）。其定义为，在两个或两个以上不同性质的生态系统交互作用处，由于某些生态因子（物质、能量、信息、时机或地域）或系统属性的差异和协合作用而引起系统某些组分及行为的较大变化。其性质上可分为正效应和负效应，正效应表现出效应区（交错区、交接区、边缘区）比相邻生态系统具有更为优良的特性，如生产力提高、物种多样性增加等。反之，称为负效应（《环境科学大辞典》编委会，2008）。

边缘效应普遍存在于自然生态系统和人类生态系统中，教育生态系统中也有边缘效应。按照目前的研究，教育生态系统中的边缘效应也有正效应和负效应。如教育研究中进行的交叉学科的研究，促进了科学的繁荣与发展，产生具有旺盛生命力的新学科。负效应是指教育生态系统中现实存在的薄弱的边缘和荒疏的交汇处，这里的教育生态系统比其他地区的教育生态系统差，具体表现为学生的学业水平的低下、综合素质不高、升学率低等特征。本书中教育机会均等的边缘效应分析主要从这一角度进行研究的。

二、教育机会均等的边缘负效应分析

美国约翰斯·霍普金斯大学教授钱致榕曾经把中国大陆划分为三个地带：一是北京、上海、天津等大城市，这是“第一中国”，二是省会城市和中心城市，这是“第二中国”，其他地区为“第三中国”。他说“第三中国”目前有 2/3 的中小学教师不合格，不合格的教师只能培养出不合格的学生，不合格的学生以后再去当老师，这种边缘效应造成了逆行演替（吴鼎福等，2000）。

“第三中国”地区的学生在基础教育阶段长期处于教育生态系统边缘化境地，主要是经济的低速发展导致教育经费的短缺而引发的结果，教育生态系统的边缘化的现实效应就是学生的教育机会不均等，进而影响到学生整体素质的提高以及获得接受高等教育的机会。如何通过改变教育生态的边缘化状态，使那些处于自然、经济或者文化不利的学生获得均等的教育机会，让他们能够从教育上得到补偿，这应该是国家一直倡导的办学方向和社会的价值取向。

目前，我国的教育经费来源构成大致包括以下几个部分：国家财政拨款，这是教育经费的主要来源，分为县、省和中央三级财政拨款。县级主要负责基础教育的经费投入，省级主要负责高等教育的经费投入和专项教育经费，而国家层面的教育经费投入的重点是高等教育和专项经费，以及通过政策倾斜支持西部地区农村的义务教育；其他教育经费的来源主要包括企业支付的教育附加费、社会团体和个人办学经费、学费以及各种教育基金的收入。应该承认，从长远来看，这种“以财政拨款为主，多渠道筹集教育经费”的教育投资体制，对减轻政府的教育资源供应压力，调动各级政府、社会各方面和广大人民群众的力量来办教育，既有积极意义，也是解决教育资源供应问题的出路之一（范国睿，1998）。但是，也应注意到这种教育经费筹措的弊端所在。上述几种教育经费来源，在非义务教育阶段，除了财政拨款外，学费所占的比例最大。目前我国虽然已经进入了小康社会，但是，我国还有近 6 亿人月收入在 1 000 元以下，广大低收入群体的教育负担依旧很重。自 1994 年以来，我国实行“义务教育阶段不收学费，非义务教育阶段按成本收取一定比例的费用”的教育成本分担政策。这种政策有利于解决教育经费短缺，有利于转变办学机制，提高办学效率。但是，由于我国缺乏统一的教育拨款制度，加上地区经济发展的不平衡，以及经费筹措的环境限制，使得我国各地区的教育经费差距巨大。高中是处于义务教育和中学后教育中间阶段，充足的经费投入是其健康发展的重要保障。《国家中长期教育改革和发展规划纲要（2010—2020 年）》指出，“普通高中实行以财政投入为主，其他渠道筹措经费为辅”。但是数据显示，我国普通高中教育经费投入呈现出区域非均衡增长态势并伴随着极化现象。2017 年，云南省文山州普通高中生均公用经费为 1 653.58 元，仅为同期北京市普通高中生均公用经费的 7.63%。甘肃省永登县生均公用经费仅为 94.24 元，不足上海市的 1%。有研究表明，我国中西部地区普通高中生均教育经费水平偏低，与东部发达地区高中的生均教育经费差距较大，“中部塌陷”现象依然显著存在（于璇，2021）。普通高中教育财政性经费的统一拨款制度的缺失，导致中西部地区普通高中教育处于教育生态系统的边缘地带。

高等教育阶段，从 1993 年开始，我国对普通高校投入总量逐年增加，并且增幅较大。2005 年国财政性教育经费所占比最小，2012 年后，政府对高等教育的财政性拨款的比例从不断上升变为投入结构趋于稳定。1993 年之前，学费在我国高等教育经费所占的比例较小，之后所占比例逐年上升，2012 年开始趋于稳定，但是亦占到总经费的 20%以上。目前我国普通高等学校的收费各省标准不一，且时有调整，但相差不大。非重点高校一般专业为每年 4 800 元左右，重点院校为每年 5 000 元左右；理工科专业一般高校为每年 5 500 元左右，重点院校为每年 6 000元左右；艺术类专业一般为每年 9 000 元左右。中外合作办学的专业至少每年 25 000 元以上。如此高额的学费，致使一部分学生不得不中途退学或根本不敢上学。而在中国设立的中外合作办学全日制普通本科高等院校，其高昂的学费更是处于“边缘地带”的学生不敢奢望的。我国高等教育经费构成比例见表4－2。

为了解决弱势群体子女上学难的问题，“不让一个学生因家庭经济困难而失学”，国家先后出台了一系列助学、贷学金制度，《中国教育现代化 2035》中也提到要“健全家庭经济困难学生资助体系”。这些政策的出台，帮助了众多的学生圆了大学梦，实现了人生的转变。2018 年全国共资助普通高校学生 4 387.89 万人次，资助金额 1 150.30 亿元，比上年增加 99.56 亿元，增幅 9.48%（全国学生资助管理中心，2019）。但是在实际操作过程中，仍然存在资助理念相对落后、资助项目个性化不足、资助育人效果不凸显、受助学生主体意识出现偏差等问题（赵传春，2021）。贷学金作为助学金改革的一种形式，也确确实实解决了不少学生的实际困难。但是在实践中，也存在不少问题，如有的银行考虑到贷款的风险及回收率等问题，在学生申请贷学金上设置众多限制条件，所以真正能够用贷学金上学的学生很少。另一方面，国家、省以及各高校也纷纷建立奖学金制度。但是，领取奖学金的学生人数毕竟有限，而农村学生由于种种先天的原因，

表 4-2　我国高等教育经费构成及比例

年份	总计	国家财政性教育经费		民办学校中举办者投入		捐赠收入		学费		其他	
		金额（亿元）	占比（%）	金额（亿元）	占比（%）	金额（亿元）	占比（%）	金额（亿元）	占比（%）	金额（亿元）	占比（%）
1993	155.95	142.14	91.14	0.05	0.03	1.25	0.80	10.36	6.64	2.16	1.39
1998	549.34	356.75	64.94	0.10	0.02	11.46	2.09	74.16	13.50	106.86	19.45
2005	2 550.24	1090.84	42.77	20.02	0.79	21.08	0.83	955.69	37.47	462.61	18.14
2012	7 801.91	4 866.63	62.38	24.84	0.32	41.25	0.52	1 866.07	23.92	1 003.11	12.86
2018	11 858.77	7 449.11	62.82	26.19	0.22	51.23	0.43	2 450.13	20.66	1 882.10	15.87

表格数据来源：黄永林，2020.1993—2018 年普通高校教育经费投入的深度分析［J］．教育财会研究（6）．

能够拿到奖学金的人数则更加有限。获得奖学金的标准一般是根据学生的综合表现，“边缘地带”的学生虽然基础差，但是由于勤奋好学，成绩能够赶上去，甚至遥遥领先。但是其他方面如社交能力、参加活动的能力显然比不上城市的学生，所以获得奖学金的机会很少。

“高考洼地”也是教育生态系统中边缘效应的具体表现。出于对教育相对落后地区的照顾，国家及高校在招生时对这些地区的学生有一定的政策倾斜，一些重点高校在边远地区的录取分数线比东南沿海以及重点城市的分数低很多。受到这种分数“落差”的驱动，一些外省籍的考生通过购房落户、迁移户口等手段，进入这些边远省份谋取考试资格。再比如，教育部直属院校和各部委直属院校本应面向全国招生，不分地域，对全国所有的学生一视同仁，因为它花的是全国纳税人的钱。但在招生时却采取地方保护主义，如北大、清华在北京的招生比例远远大于其他地区，而且分数相差甚远（陈伏琴等，2000）。

招生录取工作中的某些因素也影响教育机会均等。我国的招生录取工作有一套严格的规定，以保证录取工作的公正、公平，即便如此，其中仍存在一些不健全的环节，给某些人有了可乘之机。比如一些高等学校为了招收在音乐、体育、文学等方面有特殊技能或特长的学生，这些“特长生”可以享受高考分数上的倾斜政策，且力度较大。学校通过“特长生”政策招收具有潜在优秀特质的人才，用不同的方式选拔人才，对学校和学生来说是件“双赢”的事。但是这种“特长生”制度却成了某些有“门路”人的子女进入优质高等教育机构的捷径。他们通过各种渠道及时了解招生信息，解析考试规则，寻找政策漏洞，通过一整套正规的流程之后，使资质平平的学生堂而皇之地变成了具有某种特长的天才。而居住在“边缘地带”的考生哪里有这样的机会，只能听天由命（张德祥，2000）。并且，招生中的一条潜规则也影响到高等教育机会的均等：一些高校考虑到学生交纳学费的能力和以后学生毕业后的就业问题，在同等的条件下，优先录取城市的学生。这说明在分数面前，高等教育的机会并不均等。

三、改变“边缘地带”教育生态的状况，促进教育机会均等

解决“边缘地带”的学生教育机会均等的问题，我们应该将视野置于整个教育生态系统，通过人为的调节，使处于教育生态系统边缘地区的教育生态因子产生协合作用，从而使效应区的教育生态系统趋向优良。

1. 加大对“边缘地区”义务教育的投入

在义务教育阶段我国已经施行了免费教育，接受九年义务教育是每个学龄儿童享有的权利。为了保证每个适龄儿童享受到免费的教育，《中华人民共和国义务教育法》明确规定：“义务教育是法律规定、适龄儿童必须接受，国家、社会家庭必须予以保证的国民教育。”让儿童接受免费的教育是政府的职能所在。美国经济学家诺贝尔奖获得者弗里德曼认为，政府主要有 4 种职能，一是提供国防和外交；二是提供公共产品；三是弥补市场失灵；四是为社会弱势群体提供基本保障（卢洁莹，2003）。义务教育属于公共产品，应当由政府提供。所以无论从义务教育的含义、起源还是从政府的职能看，政府都有义务负担义务教育的全部费用。义务教育是政府的行为，是国家的行为，是国家义不容辞的责任。目前，东西部之间、城乡之间义务教育的差距较大，政府应该加大对这些“边缘地区”义务教育的投入，缩小城乡教育的差距，并建立健全拨款制度，改变乡村义务教育的边缘化状况。

第一，政府增加对“边缘地区”义务教育的投入要“软”“硬”兼顾。硬件方面，国家及各级政府应加强“边缘地区”教育的基础设施建设，在物质上予以保证。从城乡协调发展的全局看，加大“边缘地区”义务教育的基础设施建设，对缩小城乡教

育机会不均等具有重要的意义。调整各级教育投资比例，在配置教育资源时，优先考虑“边缘地区”的学校和学生。在不降低教育质量、入学机会和教育效果的前提下，把现在分配给受惠地区的一部分资源拨给农村贫困地区。

第二，加强“边缘地区”人才的引进。近几年，大学生就业问题引起社会各界的广泛关注。一方面，众多大学生就业困难；另一方面，许多贫困地区人才欠缺。这种结构性失业形成的原因是多方面的，大学生希望留在经济发达、待遇好的东部地区、留在大城市是一方面原因，另一方面，经济欠发达地区限于人事编制等因素的制约，教师队伍严重不足，且优秀教师流失严重。所以，要对教育生态系统“边缘地区”进行人事制度改革，按照“按需找人”的原则，由教育部门按照教育发展要求自主确定教师数量，大力引进人才，并制定一些优惠政策，完善社会保障制度，使这些地区的教师能够引得进、留得住、用得好。

第三，加快推进现代教育技术的建设步伐。网络教育的开放性和平等性，能够使老、少、边、穷等“边缘地区”的学生同步学习东部、经济发达地区先进的教育理念和教学方法及教学内容。国家应不断加大对“边缘地区”网络教育设施建设，制定相应的法律法规，促进教育资源共享并进行有效弱势补偿，通过网络为教育生态系统“边缘地区”的学生提供高质量教育资源，使他们能够在任何时间都能共享现代化教育的发展成果，借助互联网实现教育机会的均等。

2. 适度扩大农村高中教育规模

随着义务教育的普及，初中毕业升入高中的学生人数将急剧增加。据统计数据，2019 年我国初中毕业生升学率为 94.5%。为了加快发展高中教育，教育部在《加快推进教育现代化实施方案（2018—2022 年）》中明确要求“加快高中阶段教育普及攻坚，推动普通高中优质特色发展”。2019 年，全国共有高中阶段学校 2.4 万所，招生 1 439.9 万人，比上年增加 90.1 万人，增长 6.7%；在校学生 3 994.9 万人，比上年增加 60.2 万人，增长 1.5%；高中阶段毛入学率 89.5%。但是我们也注意到，在高中教育快速增长的情况下，农村高中教育发展缓慢，农村学生升入高中的比例较小。1999 年我国城乡高中招生规模，高中生总数不到 400 万人，其中城市普通高中招生 341.27 万人，而农村高中只有 55.15 万人（卢洁莹，2003)。2020 年，全国在校高中学生中，农村高中在校生数只有 905 077 人，而城市高中学生是 12 322 698人，是乡村高中学生人数的 13.6 倍。2020 年，全国高中共招收城区学生 4 317 496 人，农村学生 346 370 人，城区高中生数量约为乡村高中生数量的 12.5 倍。通过数据对比发现，经过近 20 年的发展，农村高中状况依然没有改观。

现在，我国的高等教育已经进入普及化阶段。高等教育规模的扩大，整体上减轻了学生的升学竞争。但另一方面，由于农村高中学生人数较少，而城市高中已经普及，从而加重了教育机会的不均等。所以，扩大农村高中的教育规模，提升农村高中的教育质量，是目前需要急迫解决的问题。

在扩大农村高中规模的同时，要扩大本科教育规模，提高农村高中毕业生进入本科学校的比例。2020 年，全国普通本专科共招收 967.45 万人，其中本科生占 50%左右。具体到各个省的情况也类似，比如浙江省 2020 年本专科学生 1 148 737，其中本科生 661 251，约占 57.6%。整体上看，我国目前高层次人才培养规模偏小，既无法满足人民群众日益增长的对优质高等教育的需要，也无法满足为实现共同富裕社会对于生产力的需求。扩大本科教育规模，要兼顾普通本科与职业本科的协调发展，为社会生产培养更多的高端的技术型人才。

3. 完善收费和助学、贷学金制度

1994 年，世界银行在《高等教育：经验与教训》的报告中提出，公立学校筹资多元化是教育改革的重要组成部分，为了达到改革的目的，应使非政府资金的比重达到30%，其中主要来自学生和家长的交费（谢安邦，2002）。目前，我国已经实行了免费义务教育，但是非义务教育阶段还是实行成本回收制度，本着“谁受益谁出资”的原则，向学生收取一定比例的费用。但是，目前我国高校收费政策一刀切，普遍缺乏弹性，学生贫富差距问题日益突出，使得高等教育收费制度改革迫在眉睫。高校应当根据学校的性质、声誉、学科、专业与校址的不同，收取的学费亦应有所差别，从而建立起多层次的合理收费制度。对一些国家需要的但是冷门的专业，对来自西北边区、贫困山区农村以及城市下岗职工家庭的学生，可以推行低学费甚至是免费政策。对一些比较热门、培养成本高、就业前景好且将来预期回报率比较高的专业，可以实施高收费标准。这样既解决了贫困学生交不起学费而没学上的问题，又解决了学校办学经费不足的问题。

自1998年开始推行国家助学贷款政策以来，许多弱势群体的学生得以继续深造，受到了广大学生的欢迎。但是，我国助学贷款制度主要还存在以下几点不足：一是额度有限，僧多粥少。据统计数据，我国约有20%的大学生为贫困生，而能得到国家助学贷款的只有少数人。二是银行因为借贷利息低风险大，发放贷款力度不够大。三是民办高校备受冷落，银行对民办高校学生没有信心（朱顺祥，2004）。国家助学贷款制度的完善需要政府、银行、学校和学生四方共同努力，政府、银行还要进一步加大助学贷款力度，并且制定相应的政策，以保证贷款的回收率，增强银行的放贷意愿。学生本人要强化信用意识，积极学习和遵守金融市场规则，使助学贷款制度能够健康地发展。与此同时，高等学校也应广开思路，为处于教育生态系统边缘地带的学生设置助学岗位，提高助学金额度，切实解决学生的后顾之忧，让学生有尊严地度过大学时光。

第四节　生物多样性与教育机会均等的多元化路径

一、生物多样性的概念

1968 年，美国生物学家和保护学家雷蒙德在《一个不同类型的国度》中首次提出了“生物多样性”这个概念（李文娟等，2012）。生物多样性是生物及其与环境形成的生态复合体，以及与此相关的各种生态过程的总和。它包括数以百计的动物、植物、微生物和它们所拥有的基因，以及它们与生存环境形成的复杂的生态系统（中国科学院生物多样性委员会，1994）。

生物多样性是一个内涵十分广泛的重要概念，包括多个层次和水平，其中研究较多、意义重大的主要有遗传多样性、物种多样性、生态系统多样性。遗传多样性主要是指地球上生物所携带的各种遗传信息的总和，包括生物种内基因的变化。物种多样性包括两个方面，其一是指一定区域内的物种丰富程度，可称之为区域物种多样性；其二是指生态学方面的物种分布的均匀程度。生态系统的多样性主要是指地球上生态系统组成、功能的多样性以及各种生态过程的多样性，包括生态环境的多样性、生物群落和生态过程的多样化等多个方面（蒋志刚，1997）。生物多样性是人类赖以生存和发展的基础，为人类的生存与发展提供必要的生态支撑与生态服务（平晓鸽等，2021）。生物多样性是生态系统平衡的重要基础，也是生态文明建设的重要保证。

教育系统如果要想实现“生态平衡”，也必须保持“生物多样性”，才能实现健康可持续发展。借助生物多样性概念，我们认为教育系统中的多样性首先是指一定区域内教育层次的丰富程度，理想的状态是一定的区域内有幼儿教育、中小学教育、高等教育、职业教育、特殊教育、继续教育等教育机构，如一个地区只有中小学学校，而没有高等院校，这个地区的学生在获得高等教育的机会上是不公平的。其二是指区域内的学科分布程度，如在高等教育阶段，理、工、农、林、医、财经、政法等学科在区域内的分布状态。如果科类专业设置失衡，某些专业低水平重复设置，将导致这些学科人才的结构性过剩，从而引起教育结果的不均等。其三是指区域内的教育形式的多样性：既有全日制的和非全日制的，也有学校课堂教育与网络教育、公办学校与私立学校、学历教育与非学历教育、职前教育与在职教育及职后教育等，这样才能满足不同人群对教育的不同需要。其四是指在教育系统内各种层级教育的分布状态，如我国的高等学校在全国的分布呈现梯层结构。经济、科技发展快的地区，高校数量大，处于梯层中最高的第一层。处于底层的是一些偏远地区和内地经济不发达地区，高校数量少，如海南、甘肃、青海、宁夏等省份的高校在 50 所以下。我国高等学校这种分布状态有其历史原因，有利于提高办学效益。但是其弊端是导致高等学校发展的两极分化，不利于发挥高等教育服务地区经济发展的功能，同时也导致不同地区的学生高等教育机会的不均等。

二、实现教育机会均等的多元化路径

在教育生态系统中，由于受到自然环境因子、社会环境因子和规范环境因子的影响，在教育资源还没有丰富到能够满足每个人对教育需求的情况下，要想实现教育机会的绝对均等是不可能的，也是做不到的，只能是相对的均等。物种多样性告诉我们，一个地区的物种多样化有利于区域内生态系统的良性循环。《论语》中记载，“君子和而不同，小人同而不和”（李泽厚，1998）。和而不同的含义是要多元的和谐的统一，不要一元的单调的统一。和而不同的作用，是促进事物的发展。所以，多元化是解决问题的有效办法之一。从接受教育的形式多元化、类型的多元化和层次的多元化等角度来考虑，则其生发的机理和发展的规律与生态系统中的生物多样性原理有相通的地方。从生物的多样性给我们的启迪方面看，多元化是和谐的和共生的，是事物发展的规律。教育机会均等实现的多元化是可行的和必要的。

教育生态系统与自然界的生态系统一样复杂多变，如果想在本书中用生物多样性的原理对教育的结构、功能、层次、形式等各个方面进行分析，考查其对教育机会均等产生的影响，面对如此庞大的研究内容，限于篇幅是不可能做到的。鉴于高等教育对个体的择业、收入、社会分层以及社会流动有直接的影响，高等教育机会均等是社会各界关注的重点，也是民众最终和最直接的诉求。所以，以下将用生物多样性的原理与方法，以高等教育为研究内容，分析实现高等教育机会均等的多元化途径。

1. 多元化实现高等教育机会均等的可行性

高等教育作为学校教育的最高层次，是人类社会发展到一定阶段才出现的。高等教育的历史性在于它只存在于一定的历史阶段，所以高等教育是一个历史性的概念（潘懋元，2001）。自中世纪大学产生至今，高等教育的概念和内涵发生了巨大的变化，这为多元化实现高等教育机会均等提供了依据。

（1）“高等教育”概念的发展变化

联合国教科文组织对高等教育的定义是：高等教育是由大学、文理学院、理工学院、师范学院等机构实施的各种类型的教育，基本入学条件是接受完中等教育（普通、技术、职业中等教育或中等师范教育），通常入学年龄为 18 岁，修完课程即授予相应的学位、文凭或高等学习证书（顾明远，1991）。不同国家由于政治、历史、文化的差异，对高等教育概念的界定是不相同的。而且，“高等教育”这一词语到底何时开始使用，现在仍没有确切的结论，但是高等教育活动却很早就出现了。中国自夏、商时期就出现了从事培养国家统治人才的教育机构，但是对入学条件有限制，一是年龄的限制，二是身份的限制。国外，公元前 2500 年左右，古埃及、古巴比伦以及古印度等地就出现了宫廷学校和祭司学校，主要任务是培养管理国家的官吏和高级僧侣，其入学条件只注重身份，没有年龄的限制。现代意义上的大学在中世纪的意大利正式成立，那时的大学教育等同于高等教育。从19 世纪开始，由于工业的飞速发展，社会对拥有高级专门知识的人才需求不断增加，出现了设在高等院校内的针对非全日制学生所进行的教育活动，这种教育也被称为校外学习、成人高等教育或成人大学教育。20 世纪中期，由于无线电的发展，英国出现了广播大学，从那时起，多种形式的非正规高等教育如雨后春笋般出现。从计算机与网络信息技术出现并逐渐普及以来，世界各地又出现了众多的“虚拟大学”，由于其教学方式灵活、成本低廉等原因，有学者认为未来的“虚拟大学”将取代正规的高等教育。

从高等教育概念的发展变化来看，它是一个动态的概念，在高等教育产生和发展的历史进程中，它的外延在不断扩大，高等教育形式不断从单一性向多样性的方向发展，逐渐形成了多元化的格局。鉴于高等教育概念的发展变化和职能的不断丰富，用原有的概念已经难以概括原来意义上的高等教育，因此，西方的学者提出用“中学后教育”“第三级教育”等概念来替代“高等教育”。

（2）高等教育的内涵发生了改变

高等教育自产生之日起到 19 世纪中期，其主要的职能是为统治阶级培养高级官吏、律师、牧师以及研究“高等学问”的学者，是“精英化”的高等教育阶段。19 世纪中后期，服务社会，为社会的发展培养人才成为新的职能。20 世纪以来，科学技术与生产力的极大提高，高等教育不仅要培养“精英人才”，还要培养能够进行卓有成效工作的“一般人才”。高等教育开始向大众化方向转变。第二次世界大战以后，高等教育表现出越来越强的开放性，越来越具有包容性与生长性，美国的克拉克·克尔在《大学的功用》中将“二战”以后的大学形象地比喻为

“一座充满无穷变化的大都市”（克尔，2008）。高等教育成为社会发展的“轴心”与经济发展的“动力站”，与社会的联系越来越紧密，并不断地对社会需求做出积极的反应。社会需求的多元化与高等教育本身的多元化，为促进高等教育机会均等提供了契机。

2. 促进我国高等教育机会均等多元化的途径

英国学者巴巴德伯勒斯在总结发达国家教育改革的经验时说过，“调整教育目标以适应数量上的新压力及新的社会需要，主要的途径是进行教育结构的改革”（郝克明等，1988）。社会需要的多元化是促进高等教育机会均等的外部条件，而高等教育结构多元化的重要作用在于其能够有效地调节高等教育系统内部的矛盾和冲突。在高等教育系统中，各种价值观念和利益相互牵制，只有多元化的高等教育结构才能兼顾各种不同的利益诉求。美国著名的教育家伯顿·R·克拉克认为，高等教育多元化是不可逆转的时代潮流，它具有以下优势：“第一，它能立即对几种不同的需求同时做出较好地反应；第二，在始料未及的情况出现后能够做出相应的调整；第三，提供较大的回旋余地；第四，以便分别以正义、能力、自由和忠诚的名义采取的不同行动都有用武之地。……每一个价值体系都不会因和其他体系直接摩擦而付出沉重代价。”（克拉克，1994）

（1）实现高等教育机会均等的多元化的方式

①调整高等教育招生比例，实现教育层次的多元化。20 世纪 90 年代以来，我国的高等教育发展迅猛，取得了巨大的成就。目前，我国的高等教育虽然已经达到了普及化程度，但还是无法满足人们日益增长的对高等教育需求，原因在于我国的高等教育层次仍然存在诸多问题。目前，我国的高等教育分为 3 个层次：专科、本科和研究生教育。问题在于本科的比例过小，且在本科教育中，学术型学生比例过高，应用型学生比例过低；职业本科院校太少，职业技术教育的学生生源质量差，教育质量不高，在

校生人数占高等教育的总数的比例过低；研究生教育发展不均衡，学术型研究生多，专业学位研究生少，导致某些专业研究生的就业率低于本科生和职高生。优化高等教育层次的措施首要的任务是调整研究生、本科生与专科生的招生比例，在扩大教育总规模的基础上，继续优先发展职业技术教育（王伟廉，2001）。职业本科既能满足社会发展对高层次技术技能型人才的需要，解决大学生对就业和教育的需求，也是顺应世界职业教育和高等教育发展趋势（匡瑛等，2021）。国外的经济发达国家对职业技术教育都是非常重视，采用不同的形式进行职业技术教育。在美国，主要是社区学院与技术学院，日本高等教育职业教育的重点是放在短期大学和高等专科学校上，英国主要是通过发展多科技术学院，而德国主要是高等专科学校和职业技术大学。社会经济发展的规律与国外的经验表明，大力发展职业技术教育，既是我国经济、科技与社会发展的需要，同时也是促进高等教育机会均等的有效途径。大力发展高等职业技术教育是 21 世纪高等教育的发展趋势：既普遍入学又促进优秀，既保持“英才教育”又促进机会均等（克尔，2001）。

当然，为了能在高等教育的不同层次获得均等的机会，必须让那些具有适当学术背景的学生能够从一个层次转到更高水平层次接受教育。也就是说，职业技术教育的学生，只要其学业成绩达到要求，就有机会转入本科层次继续接受教育，同样，本科层次的学生也有机会升入研究生层次学习。同时，打通学术型教育与职业技术教育之间的壁垒，学生可以根据自己的学业成绩与意愿在两种教育类型之间自由转换。这样，学生就拥有多次选择的机会。事实上，高等教育各层次之间易于转学，甚至鼓励转学，能有效促进高等教育机会均等。

②优化高等教育的形式结构，实现教育形式的多元化。目前，我国高等教育主要有几种形式：一种是全日制普通高等学校，主要包括综合性大学、专业学院或大学、短期职业大学、高

等职业技术学院。第二种是成人高等教育机构，包括函授大学、广播电视大学、职工大学、教育学院和教师进修学院、管理干部学院等，以及实施非学历教育的老年大学等。第三种是高等教育自学通过后入学的机构，是民办或私立高等学校。随着科技的发展，又出现了网络教育等新型的高等教育形式。多元化的高等教育形式有利于促进高等教育机会均等，有能力而又有接受高等教育愿望的人可以根据自身的情况选择不同的形式接受高等教育。问题的关键在于各种高等教育形式之间，从横向和纵向联系方面都不够紧密，缺乏统筹规划，对其中某些教育形式缺乏重视，教学质量堪忧。如对民办高校或私立大学缺乏政策的扶持，对函授大学、广播电视大学等大学的毕业生在报考高一级学校时设置诸多限制，网络教育的注册人数庞大，但是中途放弃的学员众多，真正能够完成学业并取得相应证书的人寥寥无几。据报道，斯坦福大学、麻省理工学院和加州大学伯克利分校开设的慕课辍学率高达 80%～95%；宾夕法尼亚大学研究生院对 16 门课程注册完成率的调查后发现，注册的 100 万用户中仅有 4%的学生真正完成课程的学习（王勃然等，2017）。所以，只有解决了上述问题，并且使接受了各种形式高等教育的学生都能受到同等的待遇，才能促激发学习者参加传统教育之外的高等教育形式，并有效地促进高等教育的机会均等。

③完善高等教育收费方式，实现就学类型的多元化。现在，我国普通高等教育有 13 个学科门类，包括哲学、历史学、文学、教育学、经济学、法学、理学、工学、农学、医学、管理学、艺术学。在招生并轨之前，我国对在农林、地质类高校和教育类高校以及经济发展水平低的地区高校就读的学生采取减免学杂费的政策，而这类高校正是经济发展水平低的地区和家庭收入低、家在农村的学生选择的热点。招生并轨之后，国家采取成本分担政策，即统一收取学费，处于弱势群体的学生即使报考此类学校，由于经济的原因，仍然会失去入学的机会，而经济条件好的学生

又不愿读此类学校，造成教育资源的浪费，也造成了高等教育科类结构的不完善，从而加剧了高等教育机会的不均等。有效的解决办法是在统一收费的前提下，对在农林地质类等相对冷门专业及处于经济不发达地区的师范类高校就读的学生采取经济补偿政策，而对经济学、管理、工学等热门专业采取提高收费的办法，缩小因经济的差距而造成的高等教育机会不均等。这种差别对待的方法，使得不同阶层的学生可以根据自身的情况，选择不同科类的学校，实现多元化就学。

2018年，我国《教师教育振兴行动计划（2018—2022年）》和《教育部直属师范大学师范生公费教育实施办法》相继颁布实施，这些文件明确要求“改进完善教育部直属师范大学师范生免费教育政策，将‘免费师范生’改称为‘公费师范生’，履约任教服务期调整为6年，推进地方积极开展师范生公费教育工作”。师范生公费教育政策的有效实施，对于推动我国师范教育的改革与发展起到了积极的作用，同时也有力地促进了高等教育机会均等。其他农林类的专业以及冷门绝学，也可以采用相似的形式，吸引学生报考，多元化解决学生的入学机会不均等。

（2）实现高等教育机会均等的多元化的方法

第二次世界大战以后，西方发达国家的高等教育规模迅速扩大，在20世纪70年代先后实现了高等教育大众化，有的国家甚至达到了普及化。西方国家在高等教育大众化和普及化过程中所经历的一系列问题，正是我国高等教育目前所面临的问题。他们在处理高等教育机会均等问题过程中所取得的经验与教训，值得我们反思与借鉴。西方国家在促进高等教育机会均等问题时形成的模式，可以将其移植到我国。当然，模式的移植要考虑我国政治制度、文化传统以及经济发展状况等与西方国家之间的差异，避免“食洋不化”。同时，要想多元化促进高等教育机会均等，还须制定和完善法律法规作为保障。

①国外模式的移植。别国的大学模式不仅在其他国家的大学

发展中发挥着重要的影响作用，而且“模式移植”本身成为世界大学发展史上一种带有普遍意义的现象（胡建华，2002）。在高等教育改革中，移植别的国家先进的大学模式，不失为一种行之有效的方法。

提起多元化，就会自然而然地联想到美国。美国独特的历史造就了其社会文化的多元化。美国是个移民国家，世界各地的移民给美国带来了丰富多彩的人种、文化传统和宗教信仰，美国的多元文化既展现各自特色又相互关联（宋秋蓉，2004）美国的文化背景与美国的高等教育体制是相辅相成的。美国文化的多元化促进了高等教育的高度发达，反之，高度发达的高等教育又进一步强化了美国社会文化的多元化。美国多元化的文化氛围吸引了大量来自世界各国的科学家，使西方成为世界科学和技术中心。

美国的高等教育包括社区学院、州立学院、州立大学、研究型大学等不同等级的学校。社区学院提供两年制的高等教育，主要的作用是普及高等教育，提高人口的文化素质，并为学生升入高一级高等学校做准备。州立学院提供 4 年高等教育，是培养学士和硕士学位层次人才的高等教育机构。州立大学提供进一步向上延伸的高等教育，达到博士和博士后训练层次（兰艳，2006）。我国目前的教育体系中，许多方面都是模仿美国的教育制度，在高等教育类型多元化方面，近年来也有了长足的进步。在我国现行的高等教育系统中，既有普通高等学校，也有夜大学、函授大学、网络大学等类型的开放大学，另外，私立高等教育快速发展也是办学体制多元化的基本体现。但是，仅有这些类型还远远不能满足社会对高等教育的需求，还需要借鉴发达国家的经验，加大高等教育改革的力度，构建我国独具特色的多元化高等教育体系。

划分高校等级并打通不同等级高校之间的壁垒，是实现高等教育多元化的一个具体手段，可以为资质不同的学生提供不同的发展空间，为不同地区的适龄青年提供更多的高等教育选择机会和成功机会。如果我们能够打通不同等级高校之间的壁垒，确立高等学校上下贯通的机制，那些因地区教育不发达而未能进入重点大学学习的优秀学生，将通过二次、三次选择机会跻身于重点大学，这对促进高等教育的机会均等应该是有利的。

从多元化实现高等教育机会均等观点来看，我们也必须改变“高等教育是精英教育”这一观点。高等教育不应该再依据学术的要求制定唯一的标准，而是可以根据求学者的特征制定多个标准，适应不同类型求学者的教育需求。这里需要强调的是，制定不同的标准不是降低质量要求，而是以不同类型的质量标准促进高等教育的多元化。这样，高等教育不再是狭窄深奥的，而是由许多专门的知识——这些专门知识有的较深奥，有的较浅易——组成的，明尼苏达大学前校长说，学术上没有什么低卑到不能纳入高等教育的东西（布鲁贝克，2002）。多种水平的高等教育需要实行弹性学制，它既可延长学业年限，也可缩短学业年限，中途还可以休学，有利于根据学生的不同能力，因材施教，而且顾及家庭困难的学生，以便其更好地完成学业。

②制订与修订相关的教育法律法规。高等教育机会均等有赖于高等教育的多元化。然而，高等教育多元化的实现需要良好的制度保证与制度环境。世界高等教育发展史表明，高等教育是制度文明的产物，高等教育发展问题以及机会均等问题必须依靠制度的完善才能实现，而制度和政策的公平性对保证教育实践的公平至关重要。曾任瑞士教科文组织全国委员会秘书的查尔斯·赫梅尔在《今日的教育为了明日的世界》中指出：“不在整个社会制度中首先或同时建立社会平等，要在教育制度方面实现更大的机会平等是不可能的。”（赫梅尔，1983）

在追求教育公平的过程中，教育机会均等第一次在法律上得到认可的是 1791 年的法国宪法，规定“人人都有平等的受教育权利”。到 20 世纪初，享有均等的受教育的权利作为法定的、不可剥夺的人身权利相继被写进各国宪法，从法律上否定了教育特权，保证了受教育权的平等。我国在党的十一届三中全会以后，全国人大及其常委会相继制定、实施了《中华人民共和国学位条例》和《中华人民共和国教育法》《中华人民共和国教师法》《中华人民共和国高等教育法》等多部教育法律；国务院颁布了《普通高等学校设置暂行条例》《高等教育自学考试暂行条例》《社会力量办学条例》等法规，我国的教育工作也开始步入了法治化的轨道。但也要看到，在高等教育领域内，在招生制度方面、学生资助方面、各级各类学校的办学权限以及各层次学校之间学生流动制度的整合方面，都急需法律法规予以规范和管理。而且，现有法律法规的落实也存在着诸多的不足。在法律上规定高等教育多元化，并使高等教育机会均等实现的多样化有所体现，做到有法可依、依法治教，是当今中国高等教育急需考虑的一个问题。《国家中长期教育改革和发展规划纲要（2010—2020年）》中明确提出："把促进教育公平作为国家基本教育政策。"并强调"教育公平的关键是机会公平，基本要求是保障公民依法享有受教育的权利"。加强教育法制建设，建立完备的教育法律法规体系，为促进高等教育机会均等提供基本的法律保障，这是社会主义市场经济体制下发展高等教育的基本要求。

三、调节高等教育系统的生态平衡，促进机会均等

自然界的生态平衡是动态的平衡，高等教育生态系统的平衡也一样，是动态的、相对的平衡，它可以通过人为的控制、调节而达到平衡。在改革开放进入深水区、建设共同富裕社会的新形势下，我们需要用生态平衡的观念来引领我国高等教育系统向健康的方向发展，促进高等教育机会无限大地接近均等，为共同富裕社会的早日实现作出应有的贡献。党的十九大报告指出，必须多谋民生之利、多解民生之忧，在发展中补齐民生短板、促进社会公平正义，并对促进教育公平作出重要部署。所以，在建设共同富裕社会的新阶段，我们必须以新发展理念为统领，以深化改

革为动力，通过打造符合国情实际的网络化、数字化、个性化、终身化教育体系，促进优质资源共建共享，以教育信息化带动教育现代化（陈宝生，2018），从而促进高等教育的机会均等。

1. 改变旧观念，建构生态化的高等教育理念

高等教育是由多种要素构成的，是一个整体综合效应的生态系统，我们要优质高效地发展高等教育事业，进而顺利实现科教兴国战略，就必须遵循教育协调发展的规律与要求，建构生态化的高等教育理念，保持高等教育系统的生态平衡，使高等教育得以健康可持续发展，从而促进高等教育机会均等。

高等教育的机会均等和高等教育的生态环境息息相关。高等教育的生态环境是指以高等教育为中心，对高等教育的产生、存在和发展起着制约和调控作用的多元的空间环境系统。它不仅包括经济、科技、社会政治生活等一般意义上的教育环境，还包括高等教育系统内部的个体的生理和心理等内在的环境因素。由于人们对高等教育环境的内涵在认识上不断深化，因此，现在已难以从单一的环境因素或从高等教育的外部来观察研究高等教育机会均等。高等教育的环境往往是自然因素、社会因素和人的心理、生理因素相互交叉渗透、融会贯通的复合生态系统，也可看作是由高等教育的自然环境、社会环境、规范环境和教育对象的生理、心理环境的综合。高等教育的生态环境是一般的教育环境概念的深化，其内涵更加丰富，更加准确地考虑了人的因素。因而，在建构高等教育系统生态战略的时候，必须是以教育为中心、以人的个体发展为主线，将包括教育在内的自然、社会、精神的因素组成的高等教育生态系统纳入在内。

2. 高等教育结构与功能的协调发展

按照结构与功能相对应的观点，教育系统的结构情况与其功能大小有着内在的必然的联系，因而我们要提高高等教育的功能就必须优化教育结构，通过调整高等教育结构可以获得某种预期的教育功能（徐国亮，2001）。目前我国的高等教育结构与其所应该发挥的功能是很不适应的，必须进行调整。

首先，调整高等教育的层次结构，针对我国高等教育层次结构重心偏高与社会经济结构对人才层次结构产生的新需求之间不相适应的现实，应大力发展高等职业本科教育，进一步调整职业本科与专业本科之间的比例，建构合理的高等教育层次结构。其次，调整高等教育的布局结构。区域发展的不平衡，决定了教育发展在一定时期内必然存在着差异，从而形成我国东、西部地区高等教育发展不平衡的区域性特征。应从我国不同区域的实际情况出发，采取区域高等教育一体化战略，遵循区域发展和教育发展的客观规律，针对目前高教区域结构中存在的问题，进行高等教育的布局结构的调整，以实现教育与区域社会发展的良性循环（秦小云等，2004）。

3. 使高等教育系统与教育环境相适应

要实现高等教育系统的生态平衡，促进高等教育机会均等，必须使高等教育系统与教育环境相适应。高等教育系统与教育环境相适应是实现高等教育系统生态平衡的重要保证，它包括高等教育适应社会和社会适应高等教育两个方面。为此，一方面要不断深化教育体制改革和转换教育运行机制，按照经济与社会发展的客观需要和教育自身的运行规律来合理有效地配置教育资源，最大限度地发挥其推动经济持续增长、促进社会全面进步的社会功能（马纯艳等，2004）。另一方面则要通过增强科教兴国意识，加大教育投入，扩大教育开放途径等，为社会适应和满足高等教育系统的需要提供良好的社会环境。

4. 建立科学的高等教育治理体系

在高等教育生态系统内部，组织生态结构合理与否影响到整个系统的平衡，高等学校结构合理主要是指高等学校的治理机构设置科学、合理。在高等教育经费严重不足的情况下，大力精简高等学校的机构设置，裁减行政人员，这也是提高办学效率，增强行政人员责任心与使命感的一个有效措施。在我国高等教育机构的人员构成中，行政、后勤人员远远超过了专业教师人数，极大地提高了教育成本，使学生、社会不堪重负。因此，从高教教育机构内部看，机构内部的学术组织与行政组织之间，以及学术人员与行政管理人员之间如何达到较好的平衡和协调，建立科学的管理系统需要做审慎地考虑。从高等教育外部看，我国大学治理体系长期以来受到政府行政管理体系的影响，“大学面向政府办学，尽管这种状况后来有所改变，但是其基本性质依然如故”（唐世纲，2019）。政府行政主导了我国大学治理体系的发展历程，虽然大学也受到外部诸如市场、社会等治理体系一定的影响，但是这种影响与受到政府的影响相比极为有限。

5. 建立多样开放的高等教育生态体系

随着我国高等教育普及化程度的不断提高，高等教育的发展必须进行深入转型，建立多层次、多类型、开放性的高等教育体系。新型高等教育体系的建设，首先要注重多样性。高等教育的发展从“同质化”走向“异质化”，是高等教育普及化时代的本质要求（史静寰等，2017）。要做到这点，第一，要明晰不同类型高等教育的功能定位与人才培养目标。第二，加强全面性建设。一个教育大国，不仅需要一批一流大学，更需要一大批一流的职业大学和职业技术学院，继续加强应用型本科院校建设，建成一批一流的应用型本科院校。继续支持行业院校的发展，使我国的高等教育获得全面发展。第三，要突出开放性。要建立开放式的教育制度，让全日制教育与在职教育、成人教育、继续教育、网络教育等教育形式无缝对接，搭建起多元便捷的高等教育“立交桥”，为每位学习者提供尽可能多的学习机会。第四，重视包容性。对公办教育、私立教育、地方院校、部属院校一视同仁，逐步形成以政府主办的公立高等教育与民办高等教育、中外合作办学等共同发展的高等教育体系。

第五章　教育生态平衡：教育机会均等与共同富裕

生态平衡是英国植物生物学家谭斯利于1935年首次提出来的。一般情况下，生态系统中能量和物质的输入大于输出，生物量增加，反之，生物量减少。如果输入和输出在较长时间趋于相等，生态系统的结构和功能长期处于稳定状态，在外来干扰下，能通过自我调节恢复到原初的稳定状态，生态系统的这种状态就叫作生态系统的平衡（李振基等，2000）。生态平衡主要表现为结构上的平衡、功能上的平衡、输入与输出物质和能量的平衡等。概括地说，生态平衡就是“在一定的时间内和相对稳定的条件下，生态系统各部分的结构和功能处于相互适应与协调的动态之中”（吴鼎福等，2000）。上述定义表明，生态系统的平衡是动态的而非绝对静止的平衡。所以，我们人类应该从自然界中受到启示，积极发挥主观能动性，去维护适合人类需要的生态平衡，或者打破不符合自身要求的旧平衡，建立新平衡，使生态系统的结构更合理，功能完善，效益更高。

教育生态平衡主要是指教育系统的综合平衡、运行高效、功能优异及其与社会环境的良好协同（徐国亮，2001）。教育生态平衡是教育生态理论的核心问题，是教育生态的一条基本规律，把握这一规律，就能从根本上全面地揭示教育方面存在问题的实质，推动教育更好地协调发展。

教育是建设共同富裕社会的重要动力，也是实现共同富裕的重要内涵。当前，我国教育生态失衡现象依旧很严峻，而教育生态失衡最直接的表现就是教育机会不均等。如何在建设共同富裕社会的背景下推进教育改革，促进教育机会的均等，实现教育生态平衡，为共同富裕提供智力支撑与人力支撑，是目前所面对的一个现实问题。因为生态学视域下的教育机会均等与共同富裕，是交互作用、相互促进、共生共存嵌套而成的复合生态系统，机会均等与共同富裕是一个联动的整体，不断推动机会均等与共同富裕一起向前发展。

第一节　共同富裕的内涵

一、共同富裕概念产生与发展

千百年来，中华大地上的古圣先贤、仁人志士，赴汤蹈火、前仆后继的一致追求是大同世界，共同富裕。当下，人民群众的共同愿景也是共同富裕。可以说共同富裕是中华民族生生不息的梦想。诉诸有史可籍，早在春秋时期，孔子的《论语·季氏第十六》就有“丘也闻有国有家者，不患寡而患不均，不患贫而患不安。盖均无贫，和无寡，安无倾”（李泽厚，1998）的论述。《礼记·礼运》中有“大道之行也，天下为公。选贤与能，讲信修睦，故人不独亲其亲，不独子其子，使老有所终，壮有所用，幼有所长，鳏寡孤独废疾者，皆有所养”（戴圣，2009）的大同思想，也蕴含了共同富裕思想的萌芽。近代孙中山等革命先贤追求的“天下为公”蕴含的内容更深邃宽广，他提出要在中国实现“三民主义”并对之做了解说，即“我们三民主义的意思，就是民有、民治、民享。这个民有、民治、民享的意思，就是国家是人民所共有，政治是人民所共管，利益是人民所共享”（广东省社会科学院历史研究所等，1986），其核心要义之一就是共同富裕。

追求共同富裕和人的自由全面的发展，是人类从摆脱愚昧野蛮状态，进入文明社会以来不断上下求索的伟大理想和目标。进入新的时代，这一理想和社会目标更加清晰明确、可触可感。1953年12月，毛泽东主席在《关于发展农业生产合作社的决议》中提出了“共同富裕”这个概念。1985年3月，在全国科技工作会议上，邓小平更加明确地提出了共同富裕是社会主义的目的，他指出“社会主义的目的就是要全国人民共同富裕，不是两极分化”（邓小平，1993）。1985年9月在中国共产党全国代表会议上，邓小平指出“在改革中，我们始终坚持两条根本原则，一是以社会主义公有制经济为主体，一是共同富裕”（邓小平，1993），强调共同富裕是社会主义必须坚持的根本原则之一。此后，邓小平在多场合指出：社会主义的特征不是贫穷，而是富裕，但这种富裕是全体人民的共同富裕。在此基础上，江泽民在2001年“七一”讲话中进一步指出，“努力促进人的全面发展”是“马克思主义关于建设社会主义新社会的本质要求”“实现人民的富裕幸福，是我们建设社会主义的根本目的”，要实现这一目的，就必须“不断推进人的全面发展”，推进人的全面发展，同推进经济、文化的发展和改善人民物质文化生活，是互为前提和基础的。人越全面发展，社会的物质文化财富就会创造得越多，人民的生活就越能得到改善，而物质条件越充分，又越能推进人的全面发展（江泽民，2001）。共同富裕和人的自由全面的发展彼此之间正相关的关系，在此阐释梳理的更加明确。人的全面发展离不开经济、文化的发展，而先进生产力和先进社会文化的发展也离不开人的发展。2003年，胡锦涛提出了以人为本的科学发展观，再次丰富了共同富裕的内涵。胡锦涛以科学发展观强调“尊重人民主体地位，发挥人民首创精神，保障人民各项权益，走共同富裕道路，促进人的全面发展，做到发展为了人民、发展依靠人民、发展成果由人民共享”（中共中央文献研究室，2009）。

习近平总书记曾在多个重要场合深刻阐述了共同富裕的重大意义、本质要求、目标安排、实现路径和关键举措。2012年11

月 15 日，中共中央政治局常委举行的中外记者见面会上，习近平总书记指出，我们要“坚定不移走共同富裕的道路”；2017 年 10 月，党的十九大对实现第二个百年奋斗目标作出了两个 15 年的战略安排，两个阶段都对推进共同富裕提出了具体要求；2020 年 10 月，党的十九届五中全会对扎实推动共同富裕作出重大战略部署，明确到 2035 年“全体人民共同富裕取得更为明显的实质性进展”；2021 年，全国人民代表大会审议通过的《中华人民共和国国民经济和社会发展第十四个五年规划和 2035 年远景目标纲要》中，把“全体人民共同富裕迈出坚实步伐”列入“十四五”时期经济社会发展主要目标；2021 年 6 月，中共中央、国务院印发了《关于支持浙江高质量发展建设共同富裕示范区的意见》，确定浙江省作为先行先试地区，为全国其他地方促进共同富裕探索路径、积累经验、提供示范；2021 年 7 月 1 日，在庆祝中国共产党成立 100 周年大会上，习近平总书记庄严宣告“全面建成了小康社会”，并进一步强调在新的征程上，“推动人的全面发展、全体人民共同富裕取得更为明显的实质性进展!”2021 年 8 月 17 日，习近平总书记主持召开的中央财经委员会第十次会议，研究扎实促进共同富裕的问题，对共同富裕的历史和时代背景、内涵特征、总体思路和路径以及重点任务进行了系统全面阐述，是中央对共同富裕的顶层设计，会议明确提出了在全面建设社会主义现代化国家新征程上，扎实推进全体人民共同富裕的前进方向，强调在高质量发展中促进共同富裕。

二、共同富裕的内涵和要义

2021 年我国已经历史性地解决了困扰中国千百年的绝对贫困问题，实现了全面脱贫，走向了振兴发展的道路，这为高质量推进共同富裕奠定了扎实基础。但是我国历史长期遗留下来的城乡发展不平衡、不充分，地区之间发展不平衡、不充分，收入分配制度不平衡、不充分等问题仍然突出，城乡区域发展和收入分配差距较大。我国社会主要矛盾已经转化为人民日益增长的美好生活需要和不平衡、不充分的发展之间的矛盾。共同富裕的根本目标就是逐步消除社会发展的不平衡、不充分，以满足人民日益增长的美好生活需要。共同富裕的理想愿景更近距离地摆在现实，从小康生活到共同富裕成为可能。

2021 年 8 月 17 日，习近平总书记主持召开的中央财经委员会第十次会议上如此阐明："共同富裕是全体人民的富裕，是人民群众物质生活和精神生活都富裕，不是少数人的富裕，也不是整齐划一的平均主义，要分阶段促进共同富裕。"明确表明共同富裕不是简单的物质生活富裕，精神生活的富裕，共同富裕不是一蹴而就的，是一个长期的奋斗目标。其更深远的意义在于实现人的自由全面的发展，促进社会公平正义，让每个人能够公平享有成长、成才和发展的机会，畅通向上流动的通道。目前，学术界对共同富裕概念的理解在 4 个方面具有共识，即"一是共同富裕首先要达到富裕水平，在富裕社会消除贫穷和绝对贫困；二是共同富裕要致力于实现全体人民富裕，每个人都达到富裕水平；三是物质富裕与精神富裕的全面富裕；四是差距合理，全体人民都在共同劳动的基础上享有社会发展进步的成果"（李军鹏，2021）。

共同富裕是要坚持以人民为中心。"治国之道，富民为始"。共同富裕为了人民，共同富裕是全体人民的富裕。习近平总书记强调"必须清醒认识到，我国发展不平衡不充分问题仍然突出，城乡区域发展和收入分配差距较大""促进共同富裕，最艰巨最繁重的任务仍然在农村"（习近平，2021），这就意味着，必须在全面推进乡村振兴中促进农民农村共同富裕。共同富裕是一个众盼所归的伟大目标，为了实现这个目标，需要全体人民共同参与。共同富裕就是要坚持在发展中保障和改善民生，为人民提高受教育程度、增强发展能力创造更加普惠公平的条件，给更多人创造致富机会，形成人人参与的发展环境。

共同富裕是要依靠人民。“民生在勤，勤则不匮”，劳动是创造财富的源泉，从共同富裕实现的路径来看，共同富裕从根本上需要全体人民通过辛勤劳动和相互帮助。习近平总书记强调，“幸福生活都是奋斗出来的，共同富裕要靠勤劳智慧来创造”，这就意味着共同富裕不是简单地分配财富，而是要靠共同奋斗，这是根本途径。在共同富裕的新征程上，要提高人民创造财富的能力，大力激发人民的创造力，这是共同富裕的根本宗旨。

共同富裕是要在高质量发展中促进共同富裕，这是实现共同富裕的前提基础和必然路径。共同富裕是社会主义先进生产力和先进生产关系的协调发展的理想目标，“高质量发展，就是能够满足人民日益增长的美好生活需要的发展，是创新成为第一动力、协调成为内生特点、绿色成为普遍形态、开放成为必由之路、共享成为根本目的的发展”（夏文斌，2021）。在高质量中促进共同富裕就，就必须以新发展理念为引领，推进高质量发展；以创新为引领，推进高质量发展；以生产力水平的提升，推进高质量发展；以高水平的对外开放，推进高质量发展。

共同富裕必须要坚持系统观念。共同富裕是一个庞大的系统工程。2021 年 1 月 11 日，习近平总书记在省部级主要领导干部学习贯彻党的十九届五中全会精神专题研讨班开班式上发表重要讲话，强调“实现共同富裕不仅是经济问题，而且是关系党的执政基础的重大政治问题。要统筹考虑需要和可能，按照经济社会发展规律循序渐进，自觉主动解决地区差距、城乡差距、收入差距等问题，不断增强人民群众获得感、幸福感、安全感”。坚持系统观念必须加强前瞻性思考、科学性思考和与时俱进性思考，在系统性观念的统筹下进行全局性谋划、战略性布局和整体性推进，以问题导向切入、以目标导向发力、以结果导向落脚，进行系统性的通篇谋划和推进。

总而言之，实现共同富裕必须坚持共产党的领导，必须坚持以人民为中心，共建共享，实现共同富裕必须坚持改革创新，实现共同富裕必须坚持系统观念，要在高质量发展中正确处理效率和公平的关系。习近平总书记强调，实现共同富裕是促进基本公共服务均等化的价值目标。教育作为公共服务的一部分，是共同富裕的价值目标之一。为此，习近平总书记对促进教育的均等化作了明确指示，“要加大普惠性人力资本投入，有效减轻困难家庭教育负担，提高低收入群众子女受教育水平”（习近平，2021）。因此，教育机会均等与共同富裕之间的关系，以及教育机会均等与共同富裕对人的全面发展有哪些影响，值得我们深入地思考。

第二节　教育机会均等是共同富裕的保障

党的十九大报告指出：“我国社会主要矛盾已经转化为人民日益增长的美好生活需要和不平衡不充分的发展之间的矛盾。”（习近平，2017）追求美好生活是人类的最根本需求，而教育本质是为人的美好生活做准备。教育可以提高劳动者素质，并促进经济的增长，推动科技的发展。只有全社会所有所有人都享有均等的受教育的机会，实现高质量就业，才能缩小居民的收入差距，从而早日实现共同富裕。

一、教育机会均等能阻断低收入代际传递

北京师范大学万海远和孟凡强曾撰文表示，目前中国月收入低于1 000元人口有5.47亿人，约占总人口数目的39.1%；月收入在1 090元以下的人口为6亿人，占全国人口比重为42.85%。从受教育年限来看，月收入低于1 090元者的平均受教育年限为9.05年，其中小学及以下的比重为43.7%，文盲的比例也占到了9.6%。这些人绝大部分都在农村，主要分布在中西部地区，非劳动力就业者占比最高为37.1%，自我雇佣者占比高达18.0%，而工资就业者占比仅为37.4%，明显低于其他

收入群体。

大量低收入群体的存在，不仅影响到我国共同富裕目标的实现，还会影响到他们下一代受教育的程度和收入水平，阻碍了我国共同富裕的进程。有研究人员对我国低收入群体代际收入流动性进行了测度，结果表明“子代与父代的受教育年限是影响代际向上流动的关键因素，子代向上流动的阶层越高，教育阻断低收入代际传递的作用越大”（徐晓红等，2021），因此建议政府应当加强对低收入家庭子女的教育投资和职业培训。目前教育是我国低收入家庭子女向上流动的主要途径，并且接受的教育程度越高，阶层上升的机会就越大。教育能提高个人的知识、技能和能力，进而影响到其职业的选择和收入的提高。所以，教育这条路径在阻隔贫困代际传递方面的贡献最大，且随时间推移而增强（林相森等，2019）。

当前，我国低收入群体的特征主要表现为：一部分是个人或家庭的收入水平无法满足基本的生活需要；另一部分是收入水平可以满足基本的生活需要，但是收入增加幅度明显低于当地其他人的收入增长幅度，是一种相对的低收入（潘华，2020）。所以对于低收入人群来说，在无法满足或仅仅满足基本生活需要的状况下，根本没有多余的财力对子女进行教育投资。在我国，长期存在的精英教育和教育产业化的目标取向，加剧了教育机会不均等和贫困代际延续。要消除或弱化低收入群体的代际传递，最直接有效的策略是完善国家对公民的教育保障政策，实现教育机会均等（马新，2009）。

父代教育机会不均等不仅会强化低收入的代际传递，而且会造成子代教育机会不均等。也就是说，教育机会不均等也具有代际传递性。因此，我们必须要把教育在建设共同富裕社会中的地位提高到基础性地位，让低收入群体的孩子“有盼头”，因为教育在缩小贫富差距中处于十分重要的地位。有调查表明，中国内地富裕人群中，高中毕业和高中以下文化程度的分别占5%和

1%，11%拥有大专学历，50%的人拥有本科学历，33%拥有硕士以上学历。不接受教育，想要跻身富裕群体的可能性太小（周旭，2011）。

人力资本理论则更为直接地强调了教育投资是最有价值的投资，因为投资于教育可以获得进一步增强职业竞争的能力，收获更高的经济回报，因而鼓励大力投资教育，扩大教育规模。诸多研究表明，随着我国市场转型的推进，教育的价值会有更高的体现，人力资本的重要性将得到大幅度提升，接受更好的教育会带来更高的经济回报，或者获得更高的政治地位，也更易于向上流动到较高的职业地位和社会阶层（郭冉等，2020）。因而大力完善贫困家庭学生的资助政策，发展职业教育和高等教育，提高教育的切实性，多层次、多样化满足广大人民的教育需求，逐步实现教育教育机会均等，可以推进共同富裕的早日实现。

目前，中等职业学校和职业院校已经成为低收入人员教育培训的重要阵地。浙江省作为共同富裕示范区，2020 年全省中职学校招录贫困生约有 4 万人，在校生中贫困家庭学生约有 11.1 万人。这些学生通过职业教育和技能培训，获得一技之长走上就业岗位后，初次就业月收入普遍超过 3 000 元，实现了“一人就业、一家脱贫”目标。同时，职业教育为地区经济的发展提供了技能人才支撑。重点发展生态经济的丽水市，其所属职业院校开设了覆盖生态制造、生态服务以及生态农业等方面 13 大类 48 个专业，全市 24 万产业工人中，由本市职业院校培养的比例达到 58%（浙江经济职业技术学院青年专项课题组，2021）。实践表明，大力发展职业教育，能切实改变低收入群体的状况，有力地推动共同富裕的发展。

二、教育机会均等能够扩大中等收入群体的规模

目前，发达国家中等收入群体占比约为 60%～70%，社会收入结构趋向于中间大、两头小的“橄榄形”或“纺锤形”结

构。所以，我国要想实现共同富裕，就必须扩大中等收入群体的比例。为此，《中华人民共和国国民经济和社会发展第十四个五年规划和 2035 年远景目标纲要》中把“中等收入群体显著扩大”列为“十四五”时期经济社会发展的主要目标。2021 年 8 月 17 日，习近平总书记在主持召开的中央财经委员会第十次会议上指出，要“扩大中等收入群体比重，增加低收入群体收入，合理调节高收入，取缔非法收入，形成中间大、两头小的橄榄型分配结构。”2021 年 10 月在《求是》杂志上发表的《扎实推进共同富裕》中，习近平总书记再次强调要“着力扩大中等收入群体规模”（习近平，2021）。总之，中等收入群体的扩大是我国实现共同富裕的具体表现，也是我们追求的目标。

法国著名经济学家托马斯·皮凯蒂的《2018 世界不平等报告》显示，1978—2015 年间，我国国民收入中最低的 50％人群的收入份额从 27％减少到 15％，前 10％人群的份额从约 27％增加到 41％。国内的相关研究结果也表明，目前我国的收入与发达国家“纺锤型”结构相差甚远：2015 年我国收入最高的 1％的家庭拥有全国总财产的 29.7％，处于顶端的 5％家庭拥有全国总财产的比例高达 46.6％，顶端 10％的家庭拥有财产比例达到 57.7％，而处于收入底端 50％的家庭拥有全国总财产的比例仅为 8.1％，底端 25％的家庭财产拥有比例不到 1％（张来明等，2021）。这样的收入结构与我们共同富裕的目标还有较大的差距。

目前我国中等收入群体占比较小，主要有以下几方面原因：一是当前我国收入分配差距仍处于高位徘徊，初次分配制度仍不完善，按要素贡献参与分配的市场化机制还不健全。二是分配秩序依然存在不规范、不公平现象，不合理收入、灰色收入、非法收入仍然存在。三是政府再分配职能发挥不充分，税收、社保、转移支付等政策的精准性和调节力度有待增强。四是三次分配机制不健全，作用不显著等（张来明等，2021）。虽然中等收入群体小与上述因素有直接的关系，但是它与教育资源配置不合理而造成的教育机会不均等有也密不可分的关系。大力促进教育公平，是扩大中等收入群体的重要手段。扩大中等收入群体，就是要缩小国民的收入差距，其主要途径在于缩小个人发展能力的差异，也就是缩小人力资本开发水平的差异。开发人力资本需要大力发展教育，教育是提高人口素质、开发人力资本的重要途径。

有研究表明，中等收入群体的比重与教育有着显著的关联性，受教育的程度和年限对中等收入群体比重有正向的影响：受教育程度越高，年限越长，就能推动个体综合素质的提高，增加个体的择业竞争力，同时获得较高的收益。相应地，受教育程度越低，时间越短，就会妨碍个体择业面的拓宽，难以获得满意的收入。教育改善了受教育者个体的综合素质，提高了受教育者的收入水平，最终提高了中等收入群体比重。提高教育的投资力度，可以刺激我国的中等收入群体比重提高（李媛等，2020）。教育机会均等意味着只要受教育者有能力和有意愿，就可以接受年限足够长、程度足够高的教育，这其中包括接受高等教育或职业教育的机会，而职业教育和高等教育可以推动贫困地区人口进城就业，教育移民，提高收入。“十四五”期间，我国将把高校和职业院校毕业生、技能型劳动者作为重点培育的中等收入群体，因为高校和职业院校毕业生的文化程度和技能水平高，具备了成为中等收入群体的可能。只有逐步消除个人发展机会的不平等、缩小个人能力上的差距，才能壮大中等收入群体，全面实现共同富裕（陈峰，2021）。

三、教育机会均等能为共同富裕提供人才和科技支撑

共同富裕不只是经济领域的收入均衡，而是包括人民群众生活的各个方面，因此，机会均等地接受优质教育，实现个体的全面发展是共同富裕的目的所在。没有高质量的教育，就不足以给共同富裕提供智力的和科技的支持。从当前国际发展趋势来看，技术进步是未来经济社会发展的根本动力，技术的进步是等不

来、要不来、买不来的，而是要通过教育培养高质量的人才进行技术革新和改造。互联网、5G、大数据、人工智能等新一代信息技术的加速演进和融合发展，新技术、新产品和新商业模式的广泛应用，彻底颠覆了传统的发展模式。在这风云际会之时，把握机会，掌握关键技术，实现弯道处超车，才有可能赶上或超越西方发达国家。

当前，由于历史以及自然环境等原因，我国城乡差距还很明显。习近平总书记曾指出："我们推动经济社会发展，归根结底是要实现全体人民共同富裕，推动共同富裕，短板弱项在农业农村，发展潜力也在农业农村。"(《上海农村经济》编辑部，2012）提出坚持农业农村优先发展，缩小城乡区域发展差距，促进农民共同富裕。共同富裕需要实行乡村一体化发展战略，需要科技赋能农业，应用新技术替代传统的劳作方式，全面提升农业科技装备水平，建设农业智能化生产基地，加快地方特色农业的开发和推广，实现智慧乡村的发展、数字乡村的建设、智能化乡村社会的治理，所有这一切都需要懂技术的新农人参与到新型农村建设之中。从教育的角度看，我们不仅要培养一批新生代的农业从业人员，也要为传统农业人员提供教育机会，提升他们的科技水平，共享技术发展带来的红利，提高收入，进入中等收入群体，实现共同富裕。

科技支援和人才支援是促进共同富裕的必要条件，而要实现科技进步和人才的供给，必须优先发展教育，加快教育现代化建设，把我国建设成为教育强国。在此过程中，要坚持发展素质教育，加快推进教育公平的步伐，培养契合社会需求的创新型人才。要推动城乡教育一体化发展，高度重视农村家庭子女的教育机会均等问题，通过在教育方面的资助，把他们培养成为建设共同富裕社会的科技人才。面对科技进步日新月异，世界各国对人才的争夺日趋激烈的新形势，习近平同志指出："当今世界的综合国力竞争，说到底是人才竞争，人才越来越成为推动经济社会发展的战略性资源，教育的基础性、先导性、全局性地位和作用更加突显。”习近平总书记还强调：“‘两个一百年’奋斗目标的实现、中华民族伟大复兴中国梦的实现，归根到底靠人才、靠教育。源源不断的人才资源是我国在激烈国际竞争中的重要潜在力量和后发优势。”（陈宝生，2018）党的十九大报告中特别强调，建设教育强国是中华民族伟大复兴的基础工程，优先发展教育，培养社会主义新时期建设的科技人才，是富裕社会对教育提出的根本要求。

第三节　共同富裕是教育机会均等的基础

共同富裕包含人民群众物质生活共同富裕和精神生活共同富裕两个方面。所以，在努力增加人民收入的同时，还需要坚持在传承中华优秀文化的基础上发展具有时代特色的先进文化，提高全体人民的文化素养，在共同富裕中实现精神富有。教育具有传承文化、发展文化和创造文化的功能，所以，只有全体人民得到均等的受教育的机会，才能提高他们的文化水平。然而，要想实现教育机会均等，又必须以共同富裕作为基础，因为共同服务能为教育机会均等提供物质保障和文化保障。

一、共同富裕能为教育机会均等提供物质保障

恩格斯曾说：“一切社会变迁和政治变革的终极原因，不应当到人们的头脑中，到人们对永恒的真理和正义的日益增进的认识中去寻找；而应当到生产方式和交换方式的变更中去寻找，不应当到有关时代的哲学中去寻找，而应当到有关时代的经济中去寻找。”这句话表明“物质生活的生产方式制约着整个社会生活、政治生活和精神生活的过程”（中共中央马克思恩格斯列宁斯大林著作编译局，2009）。教育作为社会发展到一定阶段的产物，它一直受到一定的生产力和生产关系的制约。所以，物质资料是

教育发展的前提和基础。纵观人类社会的发展史发现，教育的进步与发展离不开经济的发展和物质生产的发展，因为社会物质生产的发展为教育的发展提供了基础条件：即教育所需要的人力、时间、物力和财力（叶澜，1999）。

当我们实现共同富裕之后，物质资料必将是极大地丰富，新的生产方式将把越来越多的人直接从维持人类与社会生存的物质生产中间解放出来，并且每个劳动者的劳动时间也将逐渐缩短，闲暇的时间逐渐增多，这时人人享有均等的教育成为可能，并有了坚实物质基础。事实有例可循，当今世界上发达国家的生产力水平高，他们对青少年实施的义务教育年限普遍较长，并且在职职工参与继续教育的机会也多。反观生产力水平低的国家，尤其是非洲地区欠发达国家，几乎没有经济实力对儿童进行义务教育，更不用说教育机会均等了。习近平总书记指出，要“实现全体人民共同富裕的宏伟目标，最终靠的是发展。发展是基础，唯有发展才能满足人民对美好生活的热切向往。没有发展，没有扎扎实实的发展成果，共同富裕就无从谈起”（夏文斌，2021）。新中国建立初期至改革开放前期，我国的生产力水平一直处在较低国家行列，为了赶超发达国家，在以发展作为总目标理念的引领下，坚持效率优先是权衡利弊之后的最佳选择。在此背景下，教育机会均等只能是优先级之外考虑的问题。随着改革开放的不断深入，国家综合国力的增强，尤其是党的十八大以来，党中央、国务院把逐步实现全体人民共同富裕摆在更加重要的位置，采取有力措施保障和改善民生，打赢了脱贫攻坚战，全面建成小康社会，为实现共同富裕创造了良好的基础，同时也为教育机会均等打下了坚实的物质基础。

教育事业的发展需要资金，而资金的来源主要是国家的财政支出以及企业的投资，其中国家的财政支出占主要部分，所以教育事业的发展程度受制于这个国家的经济发展水平和富裕程度，教育机会是否均等也与国家的贫富程度密切相关。2010 年，我国国内生产总值超过日本，成为世界第二大经济体，全国人均可支配收入达 32 189 元。据推算，2021 年我国的国内生产总值有望达到世界总量的 20%，为实现共同富裕打下了非常好的经济基础（王灵桂，2021）。同时，我国的新型城镇化建设正在有序推进，城乡差距进一步缩小，农业现代化水平正在快速提高，以量子技术为代表的一些科研领域已经处于世界领先水平，“卡脖子”的问题正在逐步得到解决，教育水平逐年提升，所有这些都为共同富裕奠定了基础。

国家能否为教育提供充足的资源，是与这个国家的物质生产力水平相关，这也直接关系到能否为所有公民提供均等的教育机会。但是我们也要清醒地认识到，物质生产的发展只是为教育机会均等提供了可能性，能否实现教育机会均等，还需要考察这个国家的民众对教育的认识程度。近年来，由于高等教育的扩招，学生结构性失业现象较为普遍，尤其是弱势群体子女，由于其家庭背景和社会资源等处于不利地位，在就业过程中无法获得满意的职业，而且毕业即失业的现象经常发生，导致读书无用论在一些农村地区盛行。由于对教育认识的偏差，有些农民在满足了基本生活需求之后，不是把钱投资在子女的教育上，而是用于改善家庭的生活条件等方面，且对子女的学业很少过问，对他们的厌学、逃学甚至辍学行为听之任之。

共同富裕能为教育的发展提供物质基础，同时也对教育提出新的要求，成为推动教育机会均等的根本性动力。从社会发展的历史和趋势来看，社会的发展越来越依赖于人类知识、技能和能力的提升以及科学技术的发展。在当前的信息社会，社会的主要产业表现为以知识、信息为主要生产对象的新型产业，所以社会生产要求劳动者在生产过程中由以体力消费为主转变为智力消费为主。社会的发展对生产者提出了新要求，为了适应社会发展需要，以适应新型生产方式，每个人都必须接受教育。当然，教育机会均等必须有优越的社会制度做基础，有健全的法律法规作为保障。所以，英国学者卡洛斯·马丁内斯曾经撰文表示，“减少社会不平等和促进共同富裕一直以来是一些西方进步人士所呼吁的。不过，这些主张将在中国得到更好的落实”（张红，2021）。

二、共同富裕为教育机会均等提供文化基础

一定社会的文化是一定社会的政治和经济的反映，文化是经济增长与社会发展的精神推动力，经济的发展需要文化为物质生产提供精神动力和智力支持。2014 年 3 月 27 日，习近平总书记在联合国教科文组织总部的演讲中指出：“实现中国梦，是物质文明和精神文明均衡发展、相互促进的结果。没有文明的继承和发展，没有文化的弘扬和繁荣，就没有中国梦的实现。”（习近平，2014）所以，在实现共同富裕的道路上，要努力做好文化建设。物质富裕是富“口袋”，众所周知，富“口袋”不容易。精神富裕是富“脑袋”，而富“脑袋”更加不容易！英国经济学家亚当·斯密说：“一个人是富裕抑或贫困是依据他对人类生活必需品、便利品和娱乐所能享受的程度而区分的。”（斯密，2012）物质生活富裕了，未必能让人感到幸福，相反，精神如果富有了，即使没有丰富的物质，也能给予人强大的动力，激励人们去奋斗、去打拼，去赢得属于自己的美好生活。所以，物质富裕和精神富裕是共同富裕的两翼，缺一不可。

教育的发展需要文化作为基础：需要一定的文化积累助其创新，需要一定的文化氛围促其发展，需要一定的文化制度作为保障，需要一定的文化思潮作为引领等。如前文所述，共同富裕是精神与物质的共同富裕，“精神富有是人们在社会实践活动中主观世界不断得到改造完善、精神需求不断得到满足、精神生活不断得到充实提高的过程和状态”（于成文等，2015）。所以共同富裕之后，广大民众的精神文明将得到极大的提升，全社会形成一种多元的、包容的文化氛围，这将对教育产生深远的影响：彼时是民众思想更加开放，教育观念开始改变，对教育的理解更加全

面，教育的目的不再是为了谋求生活的保障，教育的功利性将得到彻底扭转，终身教育的理念更加普及，所有的这些都是教育机会均等的具体表现。

文化是社会的一个重要组成部分，有什么样的社会形态就有什么样的文化表现，有一段时间研究人员甚至将文化与社会作为同义词来使用。美国社会学家帕森斯曾指出："在一些有重大影响的著作中，作者在使用文化和社会这两词时，相对讲其含义几乎没有什么区别。"（鲁洁，1990）所以，富裕社会的文化将是有别于其他社会形态的文化，这种独特的文化将从意识层面和非意识层面影响教育实践。意识层面的影响主要是指富裕社会健全的典章制度，这是教育发展的重要保证，非意识层面是指有别于传统文化中影响人才培养的文化心理。富裕社会的教育系统作为富裕社会文化系统中的一个因素，是无法离开文化系统这个整体而单独存在的，只有把它放到文化的整体框架之中才能充分认识其含义。教育机会不均等作为教育系统发展过程中的一种表象，在共同富裕社会将依托于高度发达的文化得以切实地解决。

第四节　教育机会均等与共同富裕的终极目标是人的自由全面发展

为何要对人进行教育，教育的目的究竟是什么？古今中外众多的思想家、教育家对此做了精辟的阐述。奥尔特加·加塞特曾说，"人类从事和热衷于教育是基于一个简单明了、毫无浪漫色彩的原因：人类是为了能够满怀信心、自由自在和卓有成效地生活必须知道很多事情"（加塞特，2001）。法国的斯宾塞指出，从教育的生物学方面来看，可以把教育看作一个使有机体的结构臻于完善并使它适合生活事物的过程（斯宾塞，1997）。也就是说，教育的目的是为未来的完美生活做准备。瑞士著名的民主主义教育家裴斯泰洛齐认为："人只有通过艺术，才能成其为人。"（裴斯泰洛齐，1992）这里所说的“艺术”指的是教学或教育艺术，同时他还强调，“教育意味着完整的人的发展”，也就是说通过教育可以使人的德、智、体等方面得到均衡、和谐地发展，即培养所谓的“完人”或“真正的人性”（裴斯泰洛齐，1992），这种人既能获得个人的幸福，也有益于社会。捷克著名的教育思想家夸美纽斯说，“只有受过恰当的教育之后，人才能成为一个人”（张焕庭，1979）。虽然人和野兽在本质上是有区别，因为人具有知识、德行和虔信的种子，但是这些种子不能自发地萌芽与生长，还需要借助教育的力量才能生发。总体上看，这些哲学家和教育家认为，教育的目的是为了人的自由全面的发展。这与马克思主义者对人的发展观不谋而合。马克思主义者认为，未来社会将是以每个人的全面自由的发展为基本原则，人的自由全面发展是衡量社会发展的最高标准。教育机会均等既是实现人的自由全面发展的重要手段，也是人的重要追求目标，而共同富裕的终极目标也是人的自由全面发展，可见教育机会均等与共同富裕有着共同的目标，是人类社会发展的标尺和方向。

一、人的自由全面发展的要义

人的自由全面发展是马克思主义思想的重要组成部分，是人类发展的终极目标，这一目标的实现是一个长期而持久的历史奋斗过程。人的自由全面发展是在社会实践中逐步形成和发展起来的，并且在这一社会历史进程中接受实践的检验的。马克思和恩格斯在《共产党宣言》中对人的自由全面发展做了阐述，其内涵主要包括以下几个方面：一是人的需要的充分满足和发展。马克思学说认为：“任何人如果不同时为了自己的某种需要做事和为了这种需要的器官做事，他就什么也不能做。”（马克思等，1960）需要是人的本性，人的自由全面发展必须是以人的需要的满足为前提，抛开人的需要去谈人的自由全面发展都是不切实际的务虚说辞。二是人的能力的自由全面发展。马克思指出，人的能力的自由全面的发展是“摆脱一种完全确定的发展方式”（马克思等，2003），认为“任何人的职责、使命、任务就是全面地发展自己的一切能力，每个人都无可争辩地有权全面发展自己的能力”（中央编译局，1992），有些能力是先天而来的，有些能力是后天习得的，后天习得的能力就涉及教育机会均等的问题。三是人的社会关系的全面发展。马克思认为，作为在社会关系中生存和发展的人，“社会关系决定着一个人能够发展到什么程度”（马克思等，1960）。那种摆脱了个体的、地域的和民族的狭隘性的丰富而全面的社会关系是人的自由全面发展的表现之一。四是人的个性自由的充分发展。马克思把人的自由个性定义为：“个体的人在整体的人类实践及其历史发展中展示的一种能力。”（马克思等，1960）概言之，人的自由发展主要有3层意思：一是自由的人；二是自主的人：它包括独立的人格和自主的能力；三是自觉的人。人的自由个性是人的自主性、能动性、独特性、创造性的充分展示，个性的自由发展是马克思主义关于人的全面发展的本质内容。

二、教育机会均等与人的自由全面的发展

没有教育机会均等，就没有共同富裕的智力支持，更没有人的能力的自由全面发展。所以以教育机会均等为依托，实现以人民为中心的高质量发展的共同富裕，不仅是人民群众最关心、最直接和最现实的诉求，更是实现人的自由全面发展的基础。

正因为教育机会均等与共同富裕二者之间紧密的关系，千百年来，人们在追求共同富裕的同时，也在追求教育机会均等，二者互为成就。早在古希腊时期，柏拉图就提到每个公民都应接受教育，应该是最早提出教育机会均等的思想家。我国春秋时期的孔子，也曾提出了“有教无类”“因材施教”等蕴含着教育机会均等思想的言论。他创办私学，广纳门徒，让平民有了接受教育的机会，他的超前的教育理念引领着时代发展。科尔曼在其《教

育机会均等的观念》一文中深入地剖析了 19 世纪以来教育机会均等的演变过程，认为教育机会均等表现为不同的教育理念和诉求。所以，无论是柏拉图时代的西方国度，还是孔子时代的东方国度，无论是古代还是现代，无论是西方还是东方，教育机会均等的内涵总是不断地丰富和变化着的，是一种动态的均等。由于每个人的社会背景、家庭环境、经济水平和个体差异等因素各不相同，都直接或间接影响着教育的机会均等，所以想做到起点、过程和结果的教育机会都绝对均等几乎是不可能的，但是这并不妨碍教育机会的相对均等。这就要求一定的社会制度保障、经济基础的强力支持，以及社会环境对公平正义的建立和维护。在以追求人民为中心、高质量发展的共同富裕的社会环境下，就进一步提供了这种教育机会相对均等的大环境、大前提和宽基础。因此，在共同富裕的大环境下，教育机会的相对均等，这样关系到人民核心利益的现实性问题，更是如此重要和引人关注。

教育机会均等能够给人提供公平竞争、向上流动的机会，减少社会性的不公平，是被视为实现社会公平的“最伟大的工具”，是我国教育事业和社会全面发展的重要保障，更是人的自由、全面发展的基石。做到机会均等的现实目的就是使每一个个体都能够得到适宜的教育，使其具备相匹配的个体能力，从而获得相适应的职业、收入和社会地位。

2021 年 7 月 1 日，在庆祝中国共产党成立 100 周年大会上，习近平总书记庄严宣告“全面建成了小康社会”，并进一步指出：在新的征程上，要“推动质量发展，推进科技自立自强”“推动人的全面发展、全体人民共同富裕取得更为明显的实质性进展”。决战决胜脱贫攻坚，全面建成小康社会，实现了中华民族千百年来的夙愿。“小康梦”是中国梦的阶段性目标，它为实现中华民族的共同富裕奠定了坚实的基础，在此基础上，高质量发展、机会均等、共同富裕和人的自由全面的发展成为可能。2021 年 8 月 17 日，习近平总书记在主持召开的中央财经委员会第十次会议上强调："要坚持以人民为中心的发展思想，在高质量发展中促进共同富裕""要鼓励勤劳创新致富，坚持在发展中保障和改善民生，为人民提高受教育程度、增强发展能力创造更加普惠公平的条件，畅通向上流动通道，给更多人创造致富机会，形成人人参与的发展环境"。习近平总书记所强调的本质是为民众提高均等的高质量教育，目的是促进人的自由全面的发展，核心要旨是为共同富裕夯实基础。2021 年 10 月 16 日出版的《求是》杂志上发表了习近平总书记的重要文章《扎实推动共同富裕》，文章再次强调："为人民提高受教育程度、增强发展能力，创造更加普惠公平的条件，提升全社会人力资本和专业技能，提高就业创业能力，增强致富本领。要防止社会阶层固化，畅通向上流动通道。……要加大普惠性人力资本投入，有效减轻困难家庭教育负担，提高低收入群众子女受教育水平。"（习近平，2021）在文中，"提高受教育程度""增强发展能力""提升全社会人力资本和专业技能""提高就业创业能力""随迁子女教育""有效减轻困难家庭教育负担""提高低收入群众子女受教育水平等问题"等被高频使用和强调的语句，都和教育机会的均等有关，这些措施的落实，将有效弥补个体在受教育中的不利地位，提高他们受教育的机会，提升受教育者个体的能力，都是建设共同富裕社会面临的难题和迫切需要解决的问题。高质量发展，是建立在教育机会均等的基础上的，有了教育机会均等，才能培养高技能、高才能的高质量人才，有了高质量的人才，才有个人和社会的高质量发展；同样，有了高质量的发展，才有共同富裕，才有人的自由全面的发展。

因而，教育机会均等在促进社会的健康发展、人与社会的协调发展、人的自由全面发展等方面具有不可替代的功能。没有教育机会均等，就没有人的个体能力的提升，就没有畅通上升的通道，就不可能有共同富裕，当然就更不可能有人的自由全面的发展。

三、共同富裕与人的自由全面发展

共同富裕是从物质生活和精神生活双富裕的建设出发，为人的自由全面的发展创造实质性基础和现实性前提。而人的发展始终离不开经济的发展和文明的建设，这不仅是共同富裕的根基，更是人的自由全面发展的保障。所以建设高度的物质文明、精神文明和政治文明是推动人的自由全面发展的经济条件、文化条件和社会政治条件，保障和推动权力公平、规则公平、机会公平，消除人们在发展机会和能力上升通道的不公平、不充分，是共同富裕的核心要义。共同富裕是以人民能力的普遍提升为基石的，保障人民获得基本的生活、生存能力是共同富裕的充分而必要的条件，没有人民的共建，就没有共同富裕的共享。从某种意义上讲，人的自由全面发展的目标也是共同富裕的发力点和落脚点。共同富裕是人的物质和文化层面的基本需求，人的最高层次的需求则是获得自由和全面的发展。“人们在追求自身自由全面发展的过程中，自我价值的实现和自身发展的获得，所带来的自我认可感、愉悦感、充实感，有助于形成积极向上的心态和开放开拓的创新能力，转换为推动社会发展的内生力和内动力，推动社会不断向前。”（徐云鹏等，2017）共同富裕能够进一步促进人的自由全面发展，同时也能促进社会生产力的进步和发展，关系我国人口素质的提高和社会健康发展的动力问题。人的全面发展可以说是未来社会的最大财富积累，是最大的生产力，是人的最高价值之所在，也是人的本质的真正实现。实现人的全面发展是社会发展的终极价值和目标。

马克思在《共产党宣言》关于“人的自由全面发展”的思想中指出：“每个人的自由发展是一切人自由发展的条件。”（马克思等，1995）其含义包括：一是每个人在社会上都能均等地获得发展机会，享有更多的自由。二是在平等的基础上，每个人都具有相对独立性，能够从他人发展中受益，并通过自身的全面发展促进社会上一切人的全面发展，推动社会生产力的大发展、大繁荣，形成滚雪球效应。共同富裕表面上解决的是财富占有问题，与物质生活资料相关，但深层次上解决的是公平正义的价值观问题。当前，我国社会主要矛盾中不平衡、不充分的问题涉及公平正义。在物质生活水平整体提高以后，追求公平正义成为主要目标。所有这些积极的目标和追求，最终都要落实在人的自由全面发展上。这就要重点考虑全体人民的福祉水平和发展能力。

从某种意义上说，共同富裕的逐步实现过程、教育机会均等的求索过程，就是为全体人民谋福祉，为发展人民的能力找路径，这同时也应当是谋求人的全面发展的过程。实现共同富裕和教育机会均等既是人的全面发展的基础性内容，又是人的全面发展的现实性要求。“自由全面发展不可能一蹴而就，而是一个动态的过程，是一个不断由‘较为’自由全面到‘更为’自由全面的过程。只要人类存在着，这一过程就没有止境。”（陈新夏，2017）换言之，人的自由全面的发展是一个止于至善的动态平衡过程。推动人的全面发展与推动社会的全面进步是互为前提和基础的。要推动人的全面发展，必须推动社会全面进步。只有社会全面进步，才能推动人的全面发展。因而，解决好人的个体发展和社会发展的关系是实现人的自由全面发展的必须而充分的条件。“实现个人的自由全面发展，不仅要以社会发展即‘自由人联合体’的形成为前提，将个体的人置身于社会关系之中，使人通过合理的社会制度、正当的社会调控、良好的社会秩序，不断突破固有的社会关系，获得发展的空间、条件和可能，以社会关系的不断丰富和发展推动人的自由全面发展。同时，必须注重人的能动选择的重要性和主体发挥的必要性，让个人能够根据自己意愿充分自由地表现和发挥其主体性和创造能力，确保人的力量得到充分展示、能力得到充分发挥、梦想得到充分实现。”（李明，2017）当社会的保障制度、权力公平、规则公平、机会公平，消除了人们在发展机会和能力上升通道的不公平、不充分的时候，人的自由全面的发展就达到了动态的相对平衡目标，而这一动态相对平衡的状态随着社会的发展和人的需求、能力等的再提升，又会出现一个再调适与再发展的过程。

共同富裕和教育机会均等是为人的自由全面发展保驾护航的两架重要马车。无论是“富者累巨万而贫者食糟糠”的两极分化的社会状态，还是教育机会均等的公平正义难以得到保障的社会制度，都没有人自由全面发展的可能性。教育机会均等成为夯实共同富裕智力资源的基石，共同富裕又为机会均等提供了现实性基础和实质性前提，二者互为彼此，共同生长，而此二者的最终目的却都是人。习近平总书记在《之江新语》中指出，“人，本质上就是文化的人，而不是‘物化’的人；是能动的、全面的人，而不是僵化的、‘单向度’的人”（习近平，2007）。教育机会均等始终是文明人类的理想出发点，共同富裕始终是人类活动的美好奋斗点，它们不仅相互成就、彼此互生，并最终在人的自由全面发展这一人类发展的美好目标里紧密汇合。所以，人的自由全面发展不仅是社会发展的内在要求，也最终通过教育机会均等、共同富裕等社会的发展得到体现，这是对人类生存和发展的一种终极关怀。

参考文献

《环境科学大辞典》编委会，2008. 环境科学大辞典［M］. 修订版. 北京：中国环境科学出版社：28.

《上海农村经济》编辑部，2012. 在推进乡村振兴中促进共同富裕［J］. 上海农村经济（9）.

埃格尔斯顿，1995. 教育生态学研究的对象［J］. 现代外国哲学社会科学文摘（11）.

波普尔，1986. 猜想与反驳：科学知识的增长［M］. 傅季重，译. 上海：上海译文出版社：100.

布鲁贝克，2002. 高等教育哲学［M］. 王承绪，译. 杭州：浙江教育出版社：66，76-78.

蔡元培，1980. 蔡元培教育文选［M］. 北京：人民教育出版社.

曹红峰，2018. 当代政治哲学视域下教育机会均等的再思考——基于德沃金平等资源论研究［J］. 当代教育论坛（4）.

陈宝生，2018. 优先发展教育事业［EB/OL］.［2018-01-08］. http://theory.people.com.cn/n1/2018/0108/c40531-29750313.html.

陈宝生，2019. 国之大计 党之大计——新中国教育事业的历史成就与现实使命［EB/OL］.［2019-09-10］. http://yuqing.people.com.cn/n1/2019/0910/c209043-31345546.html.

陈宝生，2020. 深入学习贯彻习近平总书记关于教育的重要论述［EB/OL］.［2020-03-18］. https://www.12371.cn/2020/03/18/ARTI1584521637064503.shtml.

陈峰，2021. 推进面向共同富裕的教育改革发展［J］. 中国党政干部论坛（7）.

陈伏琴，刘献君，2000. 论我国高等教育机会均等［J］. 清华大学教育研究（2）.
陈尚生，陶能祥，2001. 试论教育机会均等［J］. 现代教育论丛（5）.
陈首珠，王传峰，2014. 马克思的平等观及其现代启迪［J］. 理论与改革（5）.
陈武元，2018. 美日两国高校经费筹措模式及其对我国的启示［J］. 高等教育研究（7）.
陈晓宇，闵维方，1999. 成本补偿对高等教育机会均等的影响［J］. 教育与经济（3）.
陈新夏，2017. 人的发展研究的前提性问题［N］. 光明日报，09－18（15）.
陈真，2004. 关于高等教育机会均等的浅论［J］. 湖北成人教育学院学报（3）.
崔亚楠，文雯，刘惠琴，2021. 普及化阶段中美高等教育结构的对比分析［J］. 中国高教研究（7）.
戴圣，2009. 礼记・礼运［M］. 北京：中华书局：122.
邓威，2003. 营造高品质的教育生态［J］. 人民教育（23）.
邓小平，1993. 邓小平文选：第 3 卷［M］. 北京：人民出版社.
邓小泉，2013. 中国教育生态系统的四个发展阶段［J］. 南通大学学报（社会科学版）（2）.
邓小泉，杜成宪，2009. 教育生态学研究二十年［J］. 教育理论与实践（5）.
邓泽球，李开明，2021. 共同富裕的实现路径［N］. 光明日报，09－16（6）.
丁晓磊，林司曦，陈鑫，2021. 基于教育生态学背景下高等教育改革路径分析［J］. 现代职业教育（40）.
董智，2002. 经济发展与高等教育机会均等［J］. 湖南省政法管理干部学院学报（2）.
段兆兵，2021. 农村小规模学校全面振兴：攻坚难点与路径选择［J］. 教育科学研究（9）.
范国睿，1995. 劳伦斯・克雷明的教育生态学思想述评［J］. 四川教育学院学报（4）.
范国睿，1997. 教育生态系统发展的哲学思考［J］. 教育评论（6）.
范国睿，1998. 试论教育资源短缺及其对教育生态系统发展的影响［J］. 河北师范大学学报（教育科学版）（2）.

范国睿，2000. 教育生态学［M］. 北京：人民教育出版社：1-2，8，18-19，22，24-25.
方长春，2019. 生源效应：居住空间阶层化与教育不平等［J］. 南京师大学报（社会科学版）（4）.
方长春，风笑天，2018. 社会出身与教育获得——基于 CGSS 70 个年龄组数据的历史考察［J］. 社会学研究（2）.
方然，1997. 教育生态的理论范畴与实践方向［J］. 云南师范大学学报（2）.
方然，1998. 教育生态失衡与调控的微观思考［J］. 云南师范大学学报（教育科学版），14（4）.
高佳，2020. 教育生态学视域下乡村小规模学校发展的冲突与共生［J］. 教育探索（10）.
高景柱，2020. 哈耶克视野中的自由与平等：一个批判性的考察［J］. 中国人民大学学报（5）.
高平叔，1984. 蔡元培全集：第 2 卷［M］. 北京：中华书局：130.
顾明远，1991. 教育大词典：第 3 卷［M］. 上海：上海教育出版社.
广东省社会科学院历史研究所，1986. 孙中山全集：第 9 卷［M］. 北京：中华书局：394.
郭丛斌，丁小浩，2004. 高等教育跨越职业代际效应的作用［J］. 高等教育研究（7）.
郭冉，周皓，2020. 高等教育使谁获益更多？——2003—2015 年中国高等教育异质性回报模式演变［J］. 社会学研究（1）.
郭召志，魏秦歌，2002. 对高等教育机会均等的社会学思考［J］. 北京航空航天大学学报（社会科学版），15（1）.
国家中长期教育改革和发展规划纲要工作小组，2010. 国家中长期教育改革和发展规划纲要（2010—2020 年）［EB/OL］.［2010-07-29］. http://old.moe.gov.cn/publicfiles/business/htmlfiles/moe/info_list/201407/xxgk_171904.html? authkey=gwbux.
郝克明，汪永铨，1988. 中国高等教育结构研究［M］. 北京：人民教育出版社：5.
何林，2019. 教育生态学视野下高校学生管理工作的创新［J］. 青年与社会（10）.
何又春，李世雁，2004. 教育的生态过程分析［J］. 辽宁教育行政学院学报，21（3）．
何志程，迟景明，2021. 大学教师对组织公平的感知与大学回应［J］．高校教育管理（5）．
赫梅尔，1983. 今日的教育为了明日的世界［M］．北京：中国对外翻译出版公司：98.
赫钦斯，2001. 美国高等教育［M］．汪利兵，译．杭州：浙江教育出版社．
侯定凯，2004. 高等教育社会学［M］．桂林：广西师范大学出版社：41，43，93.
侯向锋，2021. 基于教育生态学视角：应用型院校“双创”教育优化路径研究［J］．中国成人教育（3）．
胡建华，2002. 关于大学“模式移植”的若干思考［J］．现代大学教育（2）．
黄鸿鸿，2002. 当前我国高等教育机会均等问题的探讨［J］．福建医科大学学报（社会科学版），3（2）．
黄藿，1996. 亚里士多德的正义观［J］．哲学与文化（1）．
黄济，2003. 教育哲学通论［M］．太原：山西教育出版社．
黄济，王策三，2003. 现代教育论［M］．北京：人民教育出版社．
黄扬清，2004. 优化教育生态，实现学校可持续发展［J］．湖南第一师范学报（3）．
加塞特，2001. 大学的使命［M］．徐小洲，陈军，译．杭州：浙江教育出版社：67.
蹇兴东，孙小伍，2002. 试论我国高等教育生态环境［J］．黑龙江高教研究（2）．
江求川，任洁，2020. 教育机会不平等：来自 CEPS 的新证据［J］．南开经济研究（4）．
江泽民，2001. 论“三个代表”［M］．北京：中央文献出版社：179－180.
蒋志刚，1997. 保护生物学［M］．杭州：浙江科学技术出版社：78.
焦开山，李灵春，孙占淑，2018. 摆脱教育不平等的最后机会——研究生教育机会的不平等及其影响因素［J］．社会发展研究（1）．
康大为，2021. 农村家长教育期望形成机制研究——以 L 村为例［D］．贵阳：贵州民族大学．
克尔，2001. 高等教育不能回避历史——21 世纪的问题［M］．杭州：浙江教育出版社：98.
克尔，2008. 大学的功用［M］. 高铦，译. 北京：北京大学出版社.
克拉克，1994. 高等教育系统学术组织的跨国研究［M］. 杭州：杭州大学出版社：287.
克拉克，2001. 高等教育新论一多学科的研究［M］. 王承绪，徐辉，译. 杭州：浙江教育出版社.
夸美纽斯，1999. 大教学论［M］. 傅任敢，译. 北京：教育科学出版社：37.
匡瑛，李琪，2021. 此本科非彼本科：职业本科本质论及其发展策略［J］. 教育发展研究（3）.
来好婷，李红亮，2021. 法治・智治・共治：生态治理的中国方案［J］. 厦门理工学院学报（4）.
赖德胜，1998. 教育收入与分配［M］. 北京：北京师范大学出版社：112.
兰艳，2006. 美国社区学院职能研究［D］. 成都：四川师范大学.
乐志强，尹科，2020. 改革开放以来我国高等教育的逆袭效应和继承效应分析［J］. 教育与经济（6）.
李北群，2007. 高等教育公平构建和谐社会的基点［J］. 学海（6）.
李化树，1995. 教育生态学探讨［J］. 教学与管理（1）.
李佳丽，张平平，武玮，2021. 家庭教育投入对学生发展的异质性影响效应研究［J］. 国家教育行政学院学报（8）.
李军鹏，2021. 共同富裕：概念辨析、百年探索与现代化目标［J］. 改革（9）.
李敏，姚继军，2020. 住房影响优质教育机会获得的实证分析——以南京市四主城区小学为例［J］. 基础教育（4）.
李明，2019. 新时代“人的全面发展”的哲学逻辑［EB/OL］.［2019-02-11］. http://theory.people.com.cn/n1/2019/0211/c40531-30616949.html.
李念，2018. 教育公平视阈下网络教育研究［J］. 武警学院学报（9）.
李文娟. 徐闻滨，2012. 珊瑚科（Poritidae）遗传多样性和系统发生关系研［D］. 湛江：广东海洋大学.
李修杰，2021. 大学扩招与高等教育代际传递［J］. 教育评论（9）.
李训贵，张晓琴，2004. 教育生态化与高等教育发展［J］. 中国高等教育（10）.

李媛，黄应绘，2020. 教育对中等收入群体比重的影响研究［J］. 统计与咨询（2）.
李泽厚，1998. 论语今读［M］. 合肥：安徽文艺出版社：318-384.
李振基，2000. 生态学［M］. 北京：科学出版社：324.
梁保国，乐禄祉，1997. 教育的生态文化透视［J］. 高等教育研究（5）.
廖申白，2002. 西方正义概念：嬗变中的综合［J］. 哲学研究（11）.
林莉，2002. 论生态文化与大学校园新文化构建［J］. 教育与现代化（3）.
林相森，李湉湉，2019. 寒门何以出贵子？——教育在阻隔贫困代际传递中的作用［J］. 江西财经大学学报（5）.
刘尔明，张敦奎，1993. 教育生态学论纲［J］. 北方论丛（2）.
刘敏，1996. 浅议对大教育的生态分析［J］. 教育探索（1）.
刘善槐，史宁中，2011. 农村小规模学校学生学业成绩问题研究——以西南某县为例［J］. 中国教育学刊（4）.
刘欣，杜莉，2019. 新常态下教育部直属高校办学经费筹措实证分析［J］. 清华大学学报（哲学社会科学版）（6）.
刘泽云，袁青青，2021. 家庭背景对个人教育回报率的影响［J］. 中国人口科学（2）.
楼艳，郭立群，2021. 构建高校德育共同体：教育生态学的视角［J］. 国家教育行政学院学报（3）.
卢洁莹，2003. 关于现阶段我国高等教育机会均等的思考［J］. 现代大学教育.
卢君臻，1998. 教育生态环境简论［J］. 临沂师专学报（4）.
鲁洁，2001. 教育社会学［M］. 北京：人民教育出版社：125，297-298，472，474，485.
鲁志枢，姚选民，2016. 农村孩子上学难不容忽视［EB/OL］.［2016-02-16］. http://edu.people.com.cn/n1/2016/0216/c1053-28127461.html.
陆根书，1998. 高等教育机会均等与社会平等［J］. 高等教育研究（4）.
陆思选，1996. 教育生态论［J］. 曲靖师专学报（1）.
吕诺，张宗堂，2005. 农村学生在重点大学所占比例呈下降趋势［EB/OL］.［2005-02-13］. https://news.sina.com.cn/o/2005-02-13/13455103446s.shtml.

麻生诚.1987. 英才的形成与教育 [M]. 王桂，王振洲，译. 长春：吉林人民出版社：105.

马纯艳，李维典，2004. 论生态学观点与现代教育 [J]. 沈阳师范大学学报（自然科学版）(5).

马凤岐，2003. 教育政治学 [M]. 北京：人民教育出版社.

马克思，恩格斯，1960. 马克思恩格斯全集：第1卷 [M]. 北京：人民出版社：251.

马克思，恩格斯，1960. 马克思恩格斯全集：第3卷 [M]. 北京：人民出版社：286.

马克思，恩格斯，1978. 共产党宣言 [M]. 北京：人民出版社.

马克思，恩格斯，1995. 马克思恩格斯选集：第1卷 [M]. 北京：人民出版社：61.

马克思，恩格斯，2003. 德意志意识形态：节选本 [M]. 北京：人民出版社，99.

马新，2009. 教育公平对切断贫困代际传递的作用 [J]. 现代教育管理 (1).

马歆静，1996. 对大教育的教育生态学分析 [J]. 赣南师范学院学报 (4).

马歆静，1996. 教育生态学研究应明确的几个问题 [J]. 淄博师专学报 (1).

马勇，唐德海，2004. 论我国高等教育机会均等与高等教育大众化 [J]. 浙江树人大学学报 (1).

南京师范大学，1988. 教育学 [M]. 南京：河海大学出版社.

潘华，2020. 中国低收入群体增收的影响因素与实现路径研究 [J]. 宏观经济研究 (9).

潘懋元，2001. 多学科观点的高等教育研究 [M]. 上海：上海教育出版社.

潘懋元，2009. 新编高等教育学 [M]. 北京：北京师范大学出版社：18，21.

潘懋元，王伟廉，2002. 高等教育学 [M]. 福州：福建教育出版社：12.

裴斯泰洛齐，1992. 裴斯泰洛齐教育论著选 [M]. 夏之莲，译. 北京：人民教育出版社：358.

彭勃，2008. 高等教育资源的生态化配置与培植 [D]. 徐州：中国矿业大学.
平晓鸽，魏辅文，2021. 为什么要保护生物多样性？[J]. 环境教育（6）.
乔玉全，2000. 21 世纪美国高等教育 [M]. 北京：高等教育出版社.
秦慧，2019. 新中国 70 年来社会主义平等观之变及其启示 [J]. 探索（5）.
秦小云，贺祖斌，2004. 论高等教育系统的生态平衡 [J]. 教育理论与实践（11）.
屈廖健，邵剑耀，傅添，2021. 谁在高校扩招中获益最多？——高等教育机会获得的群体差异及影响因素研究 [J]. 高校教育管理（3）.
全国学生资助管理中心，2019. 2018 年中国学生资助发展报告 [N]. 人民日报，03-11（7）.
任凯，白燕，1993. 教育生态学 [M]. 长春：辽宁教育出版社.
尚进云，王振振，2020. 家庭背景、大学文凭与职业阶层地位获得的城乡差异——基于 EGP 职业阶层分类的新观察 [J]. 复旦教育论坛（5）.
尚玉昌，2002. 普通生态学 [M]. 北京：北京大学出版社：15.
沈有禄，纪春梅，2017. 学生对教育机会分配公平的满意度及其差异 [J]. 华中师范大学学报（人文社会科学版）（3）.
史静寰，2017. 走向 2030 中国高等教育现代化建设之路 [J]. 中国高教研究，2017（5）.
斯宾塞，1997. 斯宾塞教育论著选 [M]. 胡毅，王承绪，译. 北京：人民教育出版社：58.
斯密，2012. 国富论 [M]. 谢祖钧，译. 修订本. 北京：中华书局：25.
宋改敏，陈向明，2009. 教师专业成长研究的生态学转向 [J]. 教育发展研究（7）.
宋秋蓉，2004. 高等教育公平与高等教育多元化 [J]. 教育发展研究（9）.
苏兆斌，蔡璇，孙涛，2021. 我国教育财政发展分析与述评 [J]. 金融理论与教学（6）.
孙榆婷，2019. 成人高等教育与普通高等教育收入效应比较 [J]. 开放教育研究（1）.
谭天美，2021. 生态学视角下民族地区基础教育发展的问题与对策研究——以广西 12 个民族自治县为例 [J]. 民族教育研究（3）.
唐静，张玥涵，刘炫妤，等，2020. 湖南省溆浦县教育阻断贫困代际传递的调研报告［J］．农村经济与科技（6）．
唐世纲，2019. 我国大学治理体系现代化的价值审视［J］．现代教育管理（6）．
唐滢，2003. 中国少数民族高等教育机会均等问题探究［J］．教育与经济（2）．
田傧，赵学勤，周可超，等，2021. 兴安盟义务教育经费保障机制的完善建议［J］. 中国财政（11）．
田真，吴明放，2001. 浅析教育的生态环境［J］．中国教育学刊（1）．
田重，2021. “绿水青山就是金山银山”的理论渊源、逻辑递嬗及时代价值［J］．新疆社科论坛（4）．
万俊人，2003. 义利之间：现代经济伦理十一讲［M］．北京：团结出版社．
汪树坤，2020. 单亲家庭子女学业成就问题研究 ——基于 CEPS 的经验证据［D］．武汉：华中师范大学．
王勃然，金檀，赵雯，2017. 慕课与“高”辍学率：基于学习者视域［J］. 黑龙江高教研究（10）．
王超，2019. 教育生态学视角下卢梭自然教育研究［D］．西宁：青海师范大学．
王国洪，2020. 民族地区教育收益率差异及其对居民职业选择的影响——基于 4515 份调查问卷的分析［J］．民族教育研究（1）．
王加强，范国睿，2008. 教育生态分析［J］．教育理论与实践（9）．
王丽蕾，2016. “互联网＋”：实现教育公平的双刃剑［J］．教学管理与教育研究（24）．
王灵桂，2021. 实现共同富裕：新发展阶段的崭新的目标［J］．江淮论坛（4）．
王玲，胡涌，粟俊红，等，2009. 教育生态学研究进展概述［J］．中国林业教育（3）．
王梅，2006. 基于生态原理的学科协同进化研究［D］．天津：天津大学．
王伟廉，2001. 高等教育学［M］．福州：福建教育出版社：119.
王香丽，2016. 重点高中招生方式对教育公平的影响［J］．深圳职业技术学院学报（4）．
吴鼎福，诸文蔚，2000. 教育生态学［M］．南京：江苏教育出版社：1，9－10,195－198，209.

吴宏超，2020. 基本均衡背景下民族地区义务教育发展研究——基于东、中、西部9省（区）26个民族县的调查分析［J］. 华中师范大学学报（人文社会科学版）（5）.

吴康宁，1998. 教育社会学［M］. 北京：人民教育出版社.

吴克庚，周丹丹，1992. 教育生态学［J］. 中国远程教育（12）.

吴亮，2020. 美国高等教育机会的阶层公平保障：缘起、发展与趋势［J］. 高教探索（5）.

吴桐，2020. 家庭资本对大学生学业成就的影响研究（D）. 南昌：江西师范大学.

吴学榕，杨奇明，俞宁，2021. 教育扩张、教育机会与中国代际收入流动的变化趋势［J］. 经济问题探索（9）.

吴愈晓，2020. 社会分层视野下的中国教育公平：宏观趋势与微观机制［J］. 南京师大学报（社会科学版）（4）.

伍孝江，1994. 学校环境与教育生态［J］. 教育理论与实践，14.

习近平，2007. 之江新语［M］. 杭州：浙江人民出版社：150.

习近平，2014. 在联合国教科文组织总部的演讲［N］. 人民日报，03-28.

习近平，2017. 决胜全面建成小康社会，夺取新时代中国特色社会主义伟大胜利——在中国共产党第十九次全国代表大会上的报告［EB/OL］.［2017-10-27］. http：//www.gov.cn/zhuanti/2017-10/27/content_5234876.htm.

习近平，2020. 习近平在经济社会领域专家座谈会上的讲话［N］. 人民日报，08-05.

习近平，2021. 在全国脱贫攻坚总结表彰大会上的讲话［EB/OL］.［2021-02-25］. https：//www.ccps.gov.cn/xxsxk/zyls/202102/t20210225_147585.shtml.

习近平，2021. 扎实推动共同富裕［J］. 求是（20）.

夏文斌，2021. 促进共同富裕［J］. 红旗文稿（16）.

向延平，陈友莲，2020. 教育贫困循环累积因果效应形成机理与破解路径［J］. 武陵学刊（1）.

谢安邦，2002. 比较高等教育［M］. 桂林：广西师范大学出版社：368.

谢维和，2000. 教育活动的社会学分析——种教育社会学的分析［M］. 北京：教育科学出版社.
辛识平，2021. 从“两会”“教育热点”感知民生温度［EB/OL］.［2021-03-09］. http://www.moe.gov.cn/jyb_xwfb/xw_zt/moe_357/2021/2021_zt01/pinglun/202103/t20210309_518648.html.
邢永富，1997. 世界教育的生态化趋势与中国教育的战略选择［J］. 北京师范大学学报（社会科学版）（4）.
徐国亮，2001. 必须实现教育系统的生态平衡［N］. 中国教育报，10-25.
徐小洲，2002. 论高等教育机会均等与维护质量的矛盾［J］. 黑龙江高教研究（2）.
徐晓红，曹萍萍，2021. 低收入群体代际收入流动性变动趋势［J］. 统计信息论坛（6）.
徐云鹏，言实，2017. 以人民为中心的发展思想是实现共同富裕和人的全面发展的必由之路.［EB/OL］.［2017-08-11］. http://views.ce.cn/view/ent/201708/11/t20170811_24953652.shtml.
闫艳，2020.“生态式”基础教育学校评估研究——教育生态学的视角［J］. 教育参考（4）.
杨宝琰，万明钢，2014. 城乡高中教育机会分配的影响因素及作用模式：结构决定抑或行动选择［J］. 教育研究（10）.
杨成荣，张屹山，张鹤，2021. 基础教育公平与经济社会发展［J］. 管理世界（3）.
杨军，2005. 英国促进基础教育均衡发展政策综述［J］. 外国教育研究（12）.
杨文杰，范国睿，2019. 教育机会均等研究的问题、因素与方法：《科尔曼报告》以来相关研究的分析［J］. 教育学报（4）.
杨移贻，1999. 高等教育可持续发展的几个问题［J］. 深圳大学学报（人文社会科学版），16（4）.
叶澜，1999. 教育概论［M］. 北京：人民教育出版社：121.
叶晓梅，杜育红，2019. 先赋抑或自致？城乡高等教育机会差异的影响因素分析［J］. 教育科学研究（1）.
尹秋玲，2020. 阶层匹配：新生代农民工随迁子女教育的阶层分化——基于佛山市L镇的田野调研［J］. 中国青年研究（10）.

于成文，高艳青，2015. 中国特色社会主义精神富有的探索实践［J］. 中共云南省委党校学报，16（5）.
于璇，2021. 我国普通高中教育经费投入的地区差异及分布动态演进——基于 2005—2018 年省级面板数据的实证研究［J］. 华东师范大学学报（教育科学版）（2）.
余慧娟，2021. 2020 中国基础教育政策分析［J］. 人民教育（2）.
余秀兰，1999. 国外高等教育大众化过程中的机会均等问题［J］. 江苏高教（1）.
余永跃，王世明，2012. 论邓小平共同富裕思想的理论来源及其发展［J］. 科学社会主义（6）
袁纪玮，2007. 实现高等教育公平应从源头上缩小收入差距［J］. 经济纵横（7）.
袁振国，2002. 教育政策学［M］. 南京：江苏教育出版社.
岳昌君，2004. 教育对个人收入差异的影响［J］. 经济学（季刊）（B10）.
张德祥，2000. 试论高等教育机会问题［J］. 社会科学辑刊（4）.
张浩，胡姝，2020. 高等教育财政政策十年变迁与未来挑战——以《教育规划纲要》实施为背景［J］. 中国高教研究（10）.
张红，2021. 共同富裕：中国式现代化的重要特征［J］. 中国环境监察（9）.
张焕庭，1979. 西方资产阶级教育论著选：第 2 版［M］. 北京：人民教育出版社：6.
张来明，李建伟，2021. 促进共同富裕的内涵、战略目标与政策措施［J］. 改革（9）.
张民选，李荣安，1997. 高等教育机会均等与大学生资助政策变迁及新的挑战［J］. 上海高教研究（12）.
张楠，林嘉彬，李建军，2020. 基础教育机会不平等研究［J］. 中国工业经济（8）.
张人杰，1989. 国外教育社会学基本文选［M］. 上海：华东师范大学出版社：193 - 217.
张荣花，2019. 新时代推进教育公平的思维度思考［J］. 中州学刊（12）.
张婷婷，2013. 教育生态学视角下高校人才培养模式实证研究［D］. 西安：西安工业大学.

张玉林，2005. 2004 年中国教育不平等状况蓝皮书［J］. 中国改革（5）.
张玉林，刘保军，2005. 中国的职业阶层与高等教育机会［J］. 北京师范大学学报（社会科学版）（3）.
赵传春，2021. 内涵式发展视角下高校家庭经济困难学生资助工作困境及对策［J］. 福建教育学院学报（1）.
赵海利，2001. 重新审视成本补偿对高等教育机会均等的影响——与陈晓宇、闵维方老师商榷［J］. 教育发展研究（8）.
赵颖，石智雷，2017. 城镇集聚、户籍制度与教育机会［J］. 金融研究（3）.
赵忠心，1989. 家庭教育［M］. 北京：广播电视大学出版社：471.
浙江经济职业技术学院青年专项课题组，2021. 职业教育助力减缓相对贫困［J］. 政策瞭望（5）.
郑贵胜，2007. 试论高等教育与社会分层的双向关系［J］. 高等理科教育，2007（5）.
郑华，2004. 对现阶段我国高等教育公平问题的几点思考［J］. 玉溪师范学院学报（7）.
中共中央马克思恩格斯列宁斯大林著作编译局，1995. 马克思恩格斯选集：第 3 卷［M］. 北京：人民出版社：444.
中共中央马克思恩格斯列宁斯大林著作编译局，2009. 马克思恩格斯文集：第 2 卷［M］. 北京：人民出版社：591.
中共中央马克思恩格斯列宁斯大林著作编译局，2009. 马克思恩格斯文集：第 3 卷［M］. 北京：人民出版社：547.
中共中央文献研究室，2009. 十七大以来重要文献选编：上卷［M］. 北京：中央文献出版社：12.
中国教育在线，2021. 2021 年全国“两会”民进中央提案摘选［EB/OL］.［2021-03-03］. https://www.eol.cn/news/lh/202103/t20210303_2080682.shtml.
中国教育在线，2021. 2021 全国“两会”各民主党派关于教育的提案摘选［EB/OL］.［2021-03-03］. https://www.eol.cn/news/lh/202103/t20210303_2080682.shtml.
中国科学院生物多样性委员会，1994. 生物多样性研究的原理和方法［M］. 北京：中国科学技术出版社：2-3.
中华人民共和国教育部，2020. 中国教育概况——2019 年全国教育事业发

展情况 [EB/OL] . [2020 - 08 - 31] . http://www.moe.gov.cn/jyb_sjzl/s5990/202008/t20200831_483697.html.

中华人民共和国教育部，2021. 各级各类学校女学生数 [EB/OL] . [2021 - 08 - 31] . http://www.moe.gov.cn/s78/A03/moe_560/2020/quanguo/202108/t20210831_556360.html.

中华人民共和国教育部，2021. 教育发展统计公报 [EB/OL] . [2021 - 08 - 27] . http://www.moe.gov.cn/jyb_sjzl/sjzl_fztjgb/202108/t20210827_555004.html.

中华人民共和国教育部，中华人民共和国国家统计局，中华人民共和国财政部，2020. 2019 年全国教育经费执行情况统计表 [EB/OL] . [2020 - 11 - 03] . http://www.moe.gov.cn/srcsite/A05/s3040/202011/t20201103_497961.html.

中央编译局，1992. 马克思恩格斯全集：第 3 卷 [M] . 北京：人民出版社，295.

周鸿敏，方光宝，2019. 教育公平测量的路径演变和典型方法 [J] . 教育研究（6）.

周丽萍，2017. 谁能进入好大学？——基于性别分析的视角 [J] . 现代教育管理（7）.

周守军，2003. 枝江市义务教育机会均等问题研究 [D] . 重庆：西南师范大学.

周旭，2011. 做好教育“缩差共富”大文章 [J] . 今日教育（11）.

朱顺祥，2004. 我国高等教育入学机会不均等问题探析 [J] . 求实（6）.

朱永新，许庆豫，2003. 教育问题的哲学探索 [M] . 苏州：苏州大学出版社：247.

邹和平，2003. 浅议大学教育的生态化 [J] . 高等理科教育（5）.

邹勇，2019. 劳动力市场分割与家庭资本交互作用下的学历效应研究 [J]. 兵团教育学院学报（6）.

后 记

POSTSCRIPT

近年来，“内卷”（本来是一个社会学术语，指社会文化模式发展过程中的停滞，现多指非理性的内部竞争）这个词颇为流行，经济内卷、学术内卷、职业内卷等，万物皆被内卷，教育也被这种非理性的内部竞争裹挟其中。与此有相同热度的是“培训班鄙视链”“孟母房排位赛”之类教育军备般的竞赛，万众参与，声势浩荡，教育的本质已经被严重扭曲。“教育内卷”的根本原因是教育资源的有限性，但是这种有限的教育资源却成为社会优势阶层自由选择的附属品，而弱势群体由于疲于生活，无力过多考虑教育。相比之下，作为社会大众的中产阶层对教育充满了不安和焦虑情绪。在学前教育阶段，入学难和入学贵困扰着年轻的家长，由于对学前教育的相关知识知之甚少，导致他们甚或无所适从，铺天盖地的诱惑性、误导性早教广告，都灌输给他们这样一个观点：不能让孩子输在起跑线，于是乎还在牙牙学语、蹒跚学步的稚童就被送进了令人眼花缭乱的各种培训机构。基础教育阶段，各种校外学科补习机构贩卖的焦虑透支了广大家长的经济和精力。高等教育阶段入学机会的不均等、过程的不均等以及结果的不均等也困扰着广大群众。由于家庭背景、社会资源以及社会阶层的不同，导致了教育界内卷的情况愈演愈烈。为了“改命”，教育变成了竞技场，优势阶层通过购买学区房、就读高价的私立学校等方式，争夺优质的教育资源。而弱势群体的子女因为家庭资本的匮乏而无法加入“学区房”“补习班”“高考移民”“陪读”“游学”“贵族学校”等竞争行列中，很难在教育竞争中获得良好的学业表现。在无力改变现状的情况下，一些人选择“躺平”，但是众多的人选择“躺平”不是社会的本质意愿，更不是学生与家长的意愿所在，也与我国高质量建设共同富裕社会这个伟大的目标相违背。“教育内卷”实际上是教育机会不均等的突出表现，如何让民众接受均等的教育，让青年学生积极向上、奋发有为，成长为实现共同富裕的社会中坚力量，这是一个迫切需要深入思考的问题。

这种教育生态失衡的状况引起了社会各界的普遍关注。2021 年的全国两会期间，众多代表对于实现教育机会均等的呼声不绝于耳，很多委员见仁见智、献言献策，呈提议案，希望能够促进我国的教育机会均等。值得欣慰的是，全国两会之后，教育部门联合其他部委对教育乱象进行了集中整治，中央和地方政府出台了《深化新时代教育评价改革总体方案》等一系列文件，减轻义务教育阶段学生作业负担和校外培训负担，规范校外学科培训，将校外学科培训机构改为非营利性机构，取消学校重点班设置，取消中小学低年级的分数考核，限制未成年人游戏时间，并通过改革高考制度，促进教育机会均等。这些政策的出台，都显示出国家和教育部门对于优化教育生态环境，整顿教育行业顽疾的决心，这对于保证教育公平，缓解教育焦虑，提升国民教育质量都起到了重要的作用。但是促进教育机会的均等绝非一世之功，道阻且长。有赖共同富裕的社会进取生态环境，让教育机会均等拔得头筹。相辅相成的教育机会均等与共同富裕，必将携手共谱时代的新篇章。

教育机会均等是社会公正和社会公平在教育领域中的延伸与反映，归根结底仍然属于社会生态问题。从生态学的角度切入思考，尽可能最大化地促进教育机会均等，成了我从硕士、博士研究生读书期间，及至工作至今一直在思考的问题。虽说这本小书并非长篇累牍的论著，却凝聚了我多年来绵久的沉思和积淀。从最初生态学视野下的教育机会均等的关照，到适逢共同富裕政策的应声落地和浙江先行示范区的实践，站在杭州这块古老坚实而又焕发新机的土地上，在如此前所未有的社会、教育生态环境下，也让我捕捉到了深入研究的机遇。

“嘤其鸣矣，求其友声”，本书运用生态学的原理对教育机会均等与共同富裕等问题所做的尚显粗浅的探索，是不可能从根本上解决教育机会均等问题的，对高质量共同富裕的点滴探索也仅在起步阶段，但愿能够借此“嘤鸣”携手同道中人共勉前行，为实现教育机会尽可能最大化地均等，以及共同富裕的早日实现做出拳拳努力。所谓“为者长成，行者长至”，是为此。

这本小书原初的构想是一本像样的“著作”，但是计划赶不上变化，在本研究成书的这段时间，经历了许多的人生际遇，所以只好删繁就简，并增加写作时间，加快进度。困顿的时刻，我习惯站在办公室的窗前，眺望远处的云黄山，那苍茫的山脚下，静静流淌的东阳江水，见证了多少古圣先贤、仁人志士们前仆后继地对于教育问题的探索和对于民生富裕的追寻。想到我对这一系列问题的探索，也是仰仗多少大家、学术前辈们的理论指引与实践探索，在此对他们表示感恩和感谢。鉴于本人的学识与水平有限，书中不足之处，敬请方家不吝赐教。

本书能够破晓刊行，得益于诸多师友亲人的助力。不能忘记在我人生和学术前行的路上，我的两位导师给予我的积极影响。感谢我的硕士生导师陈怡先生，先生之学识为人，我将终生以之为楷模；先生春风化雨，如甘露滋润我的心田；先生之“道”吾将奋力求索。感谢我的博士生导师周川先生，先生治学严谨，从事教育研究数十年如一日，兢兢业业却又随和畅达，教我张弛学术之间，平淡谦和人际；先生榜样无不时时激励着我，并令我常怀感恩之心。感谢我的爱人和儿子，他们对我的写作给予最大的鼓励、帮助和理解、支持，使我能按照预期完成撰写工作。

乔浩风
2021 年 11 月 6 日
于杭州寓所